학교 없는 사회

학교 없는 사회

이반 일리치 지음 | 안희곤 옮김

사월의책

학교 없는 사회

1판 1쇄 발행 2023년 2월 1일
1판 2쇄 발행 2024년 5월 20일

지은이 이반 일리치
옮긴이 안희곤
펴낸곳 사월의책

편집 박동수
디자인 김현진

등록번호 2009년 8월 20일 제2012-118호
주소 경기도 고양시 일산서구 중앙로 1388 동관 B113호
전화 031)912-9491 | **팩스** 031)913-9491
이메일 aprilbooks@aprilbooks.net
홈페이지 www.aprilbooks.net
블로그 blog.naver.com/aprilbooks

ISBN 979-11-92092-08-9 04300
ISBN 978-89-97186-50-1 (세트)

* 책값은 뒤표지에 있습니다.

차례

이 세상에 흥미롭지 않은 사람은 없다
사람의 운명은 별의 역사와도 같은 것
　　　그 자체로 특별하지 않은 별은 없으며
어떤 별도 다른 별과 닮지 않았다

예브게니 옙투센코의 시 「민중」에서

내가 공교육에 관심을 갖게 된 것은 에버렛 라이머[1] 덕분이다. 1958년 푸에르토리코에서 그를 처음 만나기 전까지 나는 의무적 학교교육을 모든 사람에게 확대하는 것의 가치를 의심하지 않았다. 그러나 우리는 곧 대다수 사람에 대해 학교교육을 강제하는 것이 오히려 배움의 권리를 빼앗는 일임을 깨닫게 되었다. 이 책의 글들은 CIDOC에서 쓰고 모은 것들인데, 내가 라이머에게 보낸 메모에서 나온 것도 있다. 우리는 대화를 시작한 지 13년째 되는 해인 1970년에 그 내용에 대해 토론했다. 그것과는 별개로 이 책의 마지막 장은 바흐오펜[2]의 '모권제'에 관해 에리히 프롬과 대화를 나눈 이후의 내 생각들을 담은 것이다.

---

1 Everett Reimer(1910~1998). 미국의 교육학자로 푸에르토리코 인력자원위원회, '진보를 위한 동맹'(Alliance for Progress) 등에서 일했다. CIDOC에서 이반 일리치와 함께 15년 동안의 연구와 토론을 거쳐 『학교는 죽었다』(*Schools Is Dead*)라는 책을 썼다. — 이하의 주는 모두 옮긴이 주이며, 저자의 주는 (원주)로 따로 표시했다.
2 Johan Jacob Bachofen(1815~1887). 스위스의 법학자이자 인류학자. 고대 사회에 모권제가 존재했음을 주장한 저서 『*Das Mutterrecht*』로 유명하다.

1967년 이래로 라이머와 나는 멕시코 쿠에르나바카에 있는 문화교류문헌자료센터(CIDOC)에서 정기적으로 만났다. 센터 운영자인 발렌티나 보레만스[3]도 우리 대화에 참여했고, 라틴아메리카와 아프리카의 현실에 비추어 우리 생각을 검토해보라고 끊임없이 권고했다. 이 책은 사회 제도뿐 아니라 그 정신까지도 '탈학교화'(deschooled)되어야 한다는 그녀의 믿음을 반영하고 있다.

학교를 통해서는 보편교육[4]을 실현할 수 없다. 현재의 학교 형태를 기반으로 하는 그 어떤 대안적 제도에 의해서도 보편교육은 실현될 수 없다는 얘기다. 학생을 대하는 교사의 태도를 아무리 쇄신해도, 어떤 교육용 하드웨어나 소프트웨어를 교실과 가정에 보급해도, 그리고 마지막으로 학생에 대한 교육자의 책임을 아무리 평생토록 연장한다 해도, 보편교육을 실현하지는 못할 것이다. 교육의 새로운 **급수관**을 찾으려는 현재의 노력은 이 제도와는 정반대되는 것을 찾으려는 노력으로 바뀌어야 한

---

3 Valentina Borremans. 벨기에 심해 잠수부이자 사서. CIDOC의 관리자 겸 사서로 일했고, 일리치의 주저 『공생공락의 도구』(*Tools for Conviviality*)와 관련된 문헌을 광범위하게 정리한 『공생공락의 도구 안내서』(*Guide to Convivial Tools*)를 편찬했다. 2002년 독일 브레멘에서 일리치가 타계할 때까지 그의 곁을 지킨 평생 동료이다.

4 보편교육(universal education)은 모든 사람에게 차등 없이 제공되는 교육, 일반교육(general education)은 시민에게 필요한 공통의 표준적 교양을 함양하는 교육, 보통교육(common education)은 전문교육과 구분해 모두에게 제공되는 기초 수준의 교육을 말한다.

다. 즉 교육이라는 **연결망**이 사람들 각자에게 기회를 열어주어, 자기 삶의 매 순간을 배움과 나눔과 돌봄의 순간으로 바꿀 수 있게 해줘야 한다는 것이다. 우리는 이처럼 현재의 교육을 대신할 부본(副本) 연구를 수행하는 이들, 그리고 기존의 서비스 산업에 대한 대안을 찾는 이들에게 필요한 개념을 제공하고자 한다.

1970년 봄과 여름의 매주 수요일 아침마다 나는 이 책의 여러 부분을 쿠에르나바카의 CIDOC에서 진행된 프로그램의 참가자들에게 제공했다. 많은 사람이 의견을 내고 비평을 해주었는데, 그들의 생각이 이 책 곳곳에 들어있음을 알 수 있을 것이다. 파울루 프레이리,[5] 피터 버거,[6] 호세 마리아 불네스를 비롯하여 조지프 피츠패트릭, 존 홀트,[7] 앙헬 킨테로, 레이먼 앨런, 프레드 굿맨, 게르하르트 라드너, 디디에 피브토, 조엘 스프링,[8] 아우구스

---

5 Paulo Freire(1921~1997). 브라질의 교육자이자 20세기의 대표적 교육사상가. 브라질 문맹퇴치 운동을 주도하는 한편, 『페다고지』, 『교육과 의식화』 등을 통해 억압적, 수동적 교육의 문제를 고발하고 의식화 교육을 주장했다. 일리치와 일정 정도 문제의식을 공유했지만, 학교의 근본적 혁파를 주장한 일리치와 달리 학교 자체를 부정하지 않은 점에서 차이가 있다.

6 Peter Berger(1929~2017). 오스트리아 출신 미국 사회학자. 특히 종교사회학과 지식사회학 연구로 유명하다. 『실재의 사회적 구성』, 『사회학에의 초대』, 『어쩌다 사회학자가 되어』 등 여러 권의 저서가 있다.

7 John Holt(1923~1985). 미국의 교육학자. 아이들을 스스로 배우게 하자는 주장을 펼친 교육 개혁가로, 오늘날의 홈스쿨링과 대안교육의 선구자로 평가된다. 『아이들은 왜 실패하는가』, 『학교를 넘어서』 등을 썼다.

8 Joel Spring(1940~) 미국의 교육학자, 뉴욕시립대 교수. 아나키즘 또는 자율주의에 입각한 교육론과 홈스쿨링을 주장했다. 『교육과 인간해방』, 『미국 교육 정치학』, 『자율주의와 진보 교육』 등의 책을 썼다.

토 살라자르 본디, 데니스 설리번 등이 그들이다. 이 평자들 가운데 폴 굿맨[9]은 내 생각을 가장 근본적으로 바꾸게 한 사람이다. 로버트 실버스는 『뉴욕리뷰오브북스』에 실린 이 책의 1, 3, 6장을 편집하는 데 큰 도움을 주었다.

라이머와 나는 우리가 공동 연구한 것을 각자의 관점에 담아 출판하기로 했다. 현재 라이머는 종합적인 해설 원고를 작성하고 있는데, 몇 개월 더 비판적인 검토를 거친 후 1971년 말 더블데이 출판사에서 출간할 예정이다. 한편 우리의 토론에서 비서 역할을 해준 데니스 설리번도 1972년 봄에 출간될 책을 준비 중이다. 그 책은 미국 공교육을 둘러싸고 벌어진 최근 논쟁의 맥락 안에서 나의 주장을 검토할 것이라고 한다. 나는 CIDOC가 1972~73년에 진행할 계획인 '교육의 대안들' 세미나에 중요한 기여를 할 수 있기를 바라며 이 책을 쓴다.

이 책에서 나는 사회가 탈학교화될 수 있다는 가설을 받아들일 때 일어날 수 있는 복잡한 문제들을 논의하려고 한다. 가령 학교가 사라진 환경에서 배움을 도와줄 제도로는 어떤 제도를 발전시켜야 할지 가려낼 기준이 필요하다. 또한 서비스 산업에

---

9 Paul Goodman(1911~1972). 미국의 아나키스트 교육학자. 1960년대 비트제너레이션 세대와 관리사회에서 청소년의 소외를 파헤친 『부조리하게 자라다』(*Growing Up Absurd*, 1960)로 주목을 받았고, 이후 아이들을 세뇌하는 획일적 학교교육을 강력히 비판하는 책을 여러 권 썼다. 베트남 반전운동에도 주도적 역할을 했다.

지배되는 경제에 맞서서 '여가(*schole*)의 시대'[10]를 앞당길 수 있는 개인들의 목표로는 어떤 것들이 있는지 명확히 밝힐 필요가 있다.

이반 일리치

멕시코 쿠에르나바카 CIDOC에서

1970년 11월

---

10 'school'은 여가(leisure)를 뜻하는 그리스어 '스콜레'(*schole*)에서 나온 말로, 원래는 특별한 목적 없이 여유 시간에 하는 창의적 활동을 가리키는 것이었다. 학자(scholar)라는 말도 여기서 나왔다.

제1장

국교화된 학교를
폐지해야 하는 이유

Why We Must Disestablish School

많은 학생들, 특히 가난한 학생들은 학교가 그들에 대해 무슨 일을 하는지 직관적으로 알고 있다. 학교는 그들을 '학교화'함으로써 배우는 과정과 배움 자체를 혼동하게 만든다. 이렇게 과정과 실질의 경계가 모호해지면 새로운 논리가 등장한다. 즉 더 많은 처치를 할수록 더 좋은 결과가 나온다거나, 단계를 잘 밟아나가면 성공에 이를 수 있다는 논리가 그것이다. 그런 논리에 의해 학교화된 학생들은 수업을 배움으로, 학년 진급을 교육으로, 졸업장을 능력의 증거로, 능란한 언변을 새로운 것을 말하는 능력으로 착각하게 된다. 이렇게 되면 학생의 상상력마저 학교화되어 진짜 가치 대신 서비스를 가치인 양 받아들이게 된다. 즉 의료서비스를 건강으로, 사회복지를 사회생활

개선으로, 경찰 보호를 안전으로, 무력에 의한 균형을 안보로, 무한경쟁을 생산적 활동으로 오해하게 된다. 건강, 배움, 존엄, 독립, 창의적 노력 등이 그런 목표에 도움을 주기 위해 만들었다고 하는 제도의 이용보다 못한 일로 정의되는 것이다. 그리고 그것들을 증진하는 일은 해당 병원, 학교 및 기타 기관의 운영에 얼마나 더 많은 자원을 할당하는가의 문제가 된다.

이 책에서 나는 이런 '가치의 제도화'가 필연적으로 **물리적 오염, 사회적 양극화, 심리적 무능력**을 초래한다는 사실을 보여주려 한다. 전 지구적인 퇴행과 현대화된 가난이 생겨난 과정에는 이런 세 가지 차원이 있다. 나는 이 퇴행의 과정이 어떻게 가속화되고 있는지 설명하고자 한다. 즉 정신적 필요가 상품에 대한 수요로 바뀌면, 그리고 의료, 교육, 이동능력, 복지, 심리적 위안 등이 서비스나 치료의 결과로 정의되면, 퇴행은 가속화된다. 내가 이런 경고를 하는 것은, 지금 진행 중인 미래에 대한 연구 대다수가 가치의 제도화를 더욱 증폭시키는 데 봉사하는 경향이 있기 때문이다. 나는 그것과 정확히 반대되는 일이 일어날 수 있는 조건을 정의해야 한다고 믿는다. 개인적이고 창의적이며 자율적인 상호작용이 일어나도록 돕는 제도, 전문 관료들에 의해 제어될 수 없는 가치가 출현하도록 돕는 제도를 만들기 위해서는 어떤 기술을 이용해야 하는지 연구할 필요가 있다. 우리에게는 현재 유행하는 미래학에 대한 부본 연구[11]가 필요하다.

나는 인간 본성을 들어 현대 제도의 본성을 정의하고, 또 우리의 세계관과 언어를 특징짓고 있는 현대 제도의 본성을 들어 인간 본성을 정의하는, 그런 방식의 순환적 정의에 대해 폭넓은 의문을 제기하고자 한다. 이 과제를 위해서 나는 '학교'를 내 연구의 패러다임으로 선택했다. 따라서 기업국가의 또 다른 관료기구인 소비가정, 정당, 군대, 교회, 언론에 대해서는 간접적으로만 다룰 것이다. 학교가 은폐하고 있는 교육과정을 분석해보면 사회를 학교로부터 벗어나게 하는 것이 오히려 공교육에 도움이 되는 일임을 분명히 알 수 있다. 마찬가지로 가정생활, 정치, 안전, 신앙, 의사소통에 있어서도 그와 비슷한 탈학교 과정이 도움이 될 것이다.

나는 이 책 첫 장에서 학교화된 사회를 탈학교화한다는 것이 무슨 의미인지 설명하는 것으로 분석을 시작하려 한다. 이 설명을 읽어보면, 내가 왜 탈학교 과정과 관련된 다섯 가지 측면을 특별히 선택하여 이후 장에서 다루는지 쉽게 이해할 수 있을 것이다.

---

11 부본(副本)이란 원본의 훼손에 대비해 따로 만들어둔 수표나 서류를 말하는 것으로, 저자는 처음부터 실패가 예상되는 잘못된 연구에 대비한 대안적 연구를 부본 연구(counterfoil research)라 부른다.

가난의 현대화

학교화된 것은 교육만이 아니다. 사회라는 현실 자체가 학교화되어 있다. 부유한 학생이든 가난한 학생이든 모두가 비슷하게 학교에 의존하고 있고 학교교육에 쓰는 비용도 거의 같다. 미국의 20개 도시 어디에서나 빈민가의 학생과 교외에 거주하는 부유한 학생에게 들어가는 1인당 연간 교육비는 거의 같은 수준이며, 때로는 가난한 지역에서 더 많이 지출되기도 한다.[12] 부자와 가난한 사람 모두 그들 삶의 지침을 얻고, 세계관을 형성하고, 그들에게 무엇이 정당하고 부당한 일인지 가려내는 데 있어 학교와 병원에 의존하는 모습은 다를 바 없다. 두 기관은 사람들이 스스로를 치료하는 것은 무책임한 짓이고, 스스로 공부하는 것은 신뢰할 수 없는 일이며, 행정 당국이 인허하지 않은 주민 조직은 일종의 공격이나 파괴 행위라고 본다. 이 기관들이 볼 때 제도화된 처치 과정에 의존하지 않는 독립적인 성취란 미심쩍은 것에 불과하다. 그러나 개인의 자립이나 공동체의 자립이라는 측면에서 보자면, 브라질 북동부(아마존 지역)보다 뉴욕주 웨스트체스터가 훨씬 뒤떨어진 수준일 것이다. 교육뿐 아니라 사

---

12 (원주) Penrose B. Jackson, *Trends in Elementary and Secondary Education Expenditures: Central City and Suburban Comparisons 1965 to 1968*, 미국 교육부 자료, 1969년 6월.

회 전체에 '탈학교화'가 필요한 상황이다.

사회복지 관료는 사회적 상상력을 발휘할 전문가적, 정치적, 재정적 능력이 그들에게만 있다고 주장함으로써 무엇이 이 사회에 가치 있고 실현 가능한 것인지 정하려 든다. 그러나 이러한 독점이야말로 **가난의 현대화**(modernization of poverty)를 초래한 원흉이다. 어떤 단순한 필요마저 제도를 통해 해결하려고 하면 새로운 빈곤 계층과, 빈곤에 대한 새로운 정의가 생겨날 수밖에 없다. 10년 전만 해도 멕시코에서는 자기 집에서 태어나서 죽는 것이 당연했고, 친구들이 직접 그 사람을 땅에 묻어주는 게 보통이었다. 제도 교회의 보살핌을 받는 것은 오로지 영혼의 필요가 있을 때뿐이었다. 그러던 것이 이제 자기 집에서 태어나 죽는 것은 가난의 표시이거나 남다른 특권을 가진 사람들만이 누리는 일이 되었다. 죽는 과정과 죽음이 의사와 장의사의 제도적 관리 아래 들어가게 된 것이다. 이렇듯 인간의 기본적 필요(needs)가 상품에 대한 수요(demands)로 바뀌면, 가난에 대한 정의도 전문 관료가 멋대로 정한 기준에 맞춰 달라진다. 그리하여 가난은 이제 몇 가지 주요 측면에서 소비의 이상적 수준에 못 미치는 이들을 가리키는 말이 되었다. 예컨대 멕시코에서 가난이란 3년간의 학교 교육을 다 마치지 못한 것을 뜻하며, 뉴욕에서는 12년의 교육을 받지 못한 것을 뜻한다.

가난한 사람들은 언제나 사회적으로 무력한 존재였다. 그렇다고 해서 제도적 돌봄에 의존하게 되면 그들의 무력함에는 심리적 무력감이나 스스로를 지키지 못하는 무능력 같은 새로운 차원이 더해지게 된다. 안데스 고원에 사는 소작농들은 지주와 상인에게 착취당한다. 그래서 페루의 리마 같은 곳으로 이주하면 이제는 정치 보스들에게 의존하게 되거나, 학교교육을 받지 않았다는 이유로 무능력한 사람이 된다. 현대화된 가난이란 상황을 주도할 수 있는 힘의 결여와 인간적 능력의 상실이 결합하여 생긴 결과다. 이러한 가난의 현대화는 전 세계적으로 벌어지고 있는 현상이며, 이 시대의 저개발을 낳은 원인이다. 물론 그것은 부유한 나라와 가난한 나라에서 각기 다른 모습을 띠고 나타난다.

현대화된 가난은 특히 미국의 도시들에서 가장 강도 높게 나타나는 듯하다. 이곳들만큼 가난에 막대한 비용을 쓰는 곳이 없다. 빈곤에 대한 대책이 이곳들보다 더한 의존과 분노와 좌절을 낳고 더 많은 수요를 일으키는 곳도 없다. 그리고 가난을 돈만으로 해결하려는 것에 대해 이곳들만큼 저항이 심한 곳이 없고, 이곳들만큼 제도의 근본적 혁신을 요구하는 곳도 없다.

오늘날 미국에서는 흑인은 물론 이민자들까지도 두 세대 전에는 생각할 수 없었던 수준의 전문적 도움을 기대할 수 있게 되었다. 그러나 제3세계 사람들 대부분에게 이런 모습은 기이하게만 보인다. 예를 들면 미국의 가난한 사람들은 17세 이하의 아이가 학교에 다니지 않으면 미취학 단속 공무원이 아이를 강제로 학교에 데려간다는 것을 알고 있으며, 의사가 하루 60달러가 드는 병원 침상에 그들을 마음대로 배정할 수 있다는 것을 안다. 그런데 60달러라면 제3세계 사람들에게는 3개월 치 수입에 맞먹는 돈이다. 하지만 이러한 돌봄은 가난한 사람들을 더 많은 도움에 의존하게 만들 뿐이며, 그들의 지역사회에서 자신의 경험과 자원을 바탕으로 자신의 삶을 조직할 능력을 더욱 잃게 할 뿐이다.

현대화된 세계에 사는 가난한 이들이라면 누구나 곤경에 처해 있기 마련이지만, 특히 미국의 가난한 이들은 독특한 상태에 놓여 있다. 아무리 막대한 돈으로도 복지 제도가 지닌 본래의 파괴성을 제거할 수 없다는 사실을 체감하고 있기 때문이다. 전문가적 위계로 짜인 이들 제도의 지원이 도덕적으로 꼭 필요한 일이라고 사회가 일단 확신하게 되면 제도를 벗어나기란 거의 불가능하다. 미국 도심에 사는 가난한 이들은 학교화된 사회의 사회복지 관련법들이 이런 오류에 근거하고 있음을 경험으로 안다.

가난을 심화하는 학교

미국 연방대법원 판사를 지낸 윌리엄 더글러스는 "제도를 수립하는 유일한 방법은 그것에 재정을 지출하는 것"이라고 말한

바 있다. 그 말이 맞는다면 다음과 같은 말도 맞을 것이다. 즉 현재 의료, 교육, 복지를 맡고 있는 제도들에 대해 재정 지출을 중단하기만 한다면, 사람들을 무능하게 만드는 제도의 부작용으로 인한 가난의 증대도 막을 수 있다는 것이다.

미국의 연방 지원 프로그램을 평가할 때는 이 점을 염두에 두어야 한다. 그 적당한 사례를 들자면, 불리한 조건에 처해 있는 6백만 명의 아이들에게 보상을 해준다는 명목으로 1965~68년 사이에 30억 달러 이상의 자금을 학교에 투여한 것을 꼽을 수 있겠다. '타이틀 원'(Title One)이라는 이름으로 불린 이 프로그램은 교육에 관한 한 어느 곳에서도 시도된 적이 없는 가장 값비싼 보상책이었지만, '불리한 조건'에 처해 있다는 그 아이들의 학습능력에는 어떤 의미 있는 향상도 이뤄내지 못했다. 중산층 가정의 동급생과 비교해 더 후퇴만 시키고 말았던 것이다. 게다가 프로그램을 시행하는 과정에서 전문가들은 경제적, 교육적으로 불리한 조건에서 공부하는 아동이 1천만 명 더 있다는 것을 발견했다. 즉 조만간 더 많은 연방 자금을 요청해야 할 이유만 찾아내고 만 것이다.

이렇듯 더 값비싼 도움을 제공하고도 가난한 이들의 교육을 향상시키는 데 총체적으로 실패한 이유는 다음 세 가지 가운데 하나로 설명할 수 있다.

1. 6백만 아동의 학업 수행을 양적으로 측정할 수 있을 만큼 개선하려면 30억 달러로는 부족했다.
2. 자금이 적절하게 사용되지 않았다. 즉 각기 다른 교과과정으로, 더 나은 행정절차에 따라, 가난한 아이들에게 더 자금을 집중하고, 더 많은 연구를 할 필요가 있었으며, 그랬다면 성공했을 것이다.
3. 불리한 교육 여건은 학교 안의 교육에 의존해서는 결코 고칠 수 없다.

첫 번째 설명은 자금 전액이 남김없이 학교 예산을 통해 지출되었기에 분명 맞는 말이기는 하다. 그러나 자금이 실제로 불우한 아이들 다수가 다니는 학교에 투입되었다 해도 가난한 아이들에게 직접 사용된 것은 아니다. 자금 집행을 계획한 아이들 수가 그 학교들에 다니는 전체 아이들 숫자의 절반에 불과한 데다, 학교가 기존 예산에 새로 투입된 연방 자금을 합쳐서 썼기 때문이다. 그리하여 자금이 쓰인 용처에는 교육뿐 아니라 아이들에 대한 보호관찰, 교화, 진로선택까지 포함되었다. 이런 기능들이 복잡하게 섞여 학교의 물리적 설비, 교과과정, 교사, 행정직원, 기타 주요 구성요소에 산재해 있었는데, 이 모두가 학교 예산의 집행 대상이 되었던 것이다.

학교는 자금이 추가되자 가난한 아이들과 함께 학교를 다니는 바람에 '불이익을 당한' 상대적으로 더 잘사는 아이들을 만족시키는 데 그 예산을 차등적으로 쓸 수 있었다. 애초에는 가난한 아이들의 불리한 학습 여건을 만회하는 데 쓸 자금이었지만, 학교 예산을 거치면서 정작 그 아이들에게는 극히 작은 일부만 전달되고 만 것이다.

두 번째 설명처럼 자금이 적절하게 쓰이지 않은 것도 사실일 것이다. 그러나 그런 부적절한 집행도 학교시스템 자체가 가진 무능력에는 비할 바가 못 된다. 학교는 그 구조상 특혜를 주지 않으면 불리한 입장이 되는 학생들을 집중적으로 돌보는 것을 꺼린다. 별도 편성한 교과과정, 분반 수업, 보충 수업을 아무리 제공해도 더 높은 비용으로 더한 차별적 상황만 만들곤 한다.

게다가 납세자들은 보건교육복지부[13]가 국방부처럼 30억 달러를 허비하는 것을 받아들이는 데 아직 익숙하지 않다. 이 때문에 미국의 현 행정부는 30억 달러면 교육자들의 분노를 달래는 데 충분하다고 믿었는지도 모르겠다. 물론 중산층 미국인은 이 프로그램이 축소된다 해도 잃을 게 별로 없다. 그러나 가난한 부모들은 잃을 게 많다고 보며, 나아가 그들의 자녀에게 쓰기로 되어 있는 그 자금을 제대로 관리해 줄 것을 요구하고 있다.

예산을 절약하면서도 혜택을 증대시키는 논리적 방법으로는

---

13 Department of Health, Education, and Welfare(HEW). 원래는 세 기능이 한 부처에 있었으나 1979년 교육부가 독립하면서 보건복지부로 개편되었다.

경제학자 밀턴 프리드먼 등이 제안한 수업료 보조금 제도가 있다. 그 방법대로 하면 자금이 수혜자에게 직접 전달될 것이고, 수혜자는 자기에게 주어진 학교교육의 몫만큼을 선택적으로 구입할 수 있을 것이다. 이러한 크레디트(신용권)를 학교 교육과정에 적합한 것을 구매하는 데 제한한다면, 한결 평등한 대우가 가능해질 것이다. 그렇다고 해서 사회적 권리의 평등한 배분까지 실현되는 것은 아니지만 말이다.

질적으로 동등한 학교교육을 제공한다 해도 가난한 아이가 부유한 아이를 따라잡기 어렵다는 것은 분명하다. 설령 그 아이들이 같은 학교에 들어가 같은 나이에 공부를 시작한다 해도, 가난한 아이들은 중산층 아이가 일상적으로 이용할 수 있는 교육적 기회 대부분을 누리지 못한다. 그 이점은 가정 내 대화나 집안의 책에서부터 방학 중의 여행이나 자아에 대한 인식에 이르기까지 광범위하게 걸쳐 있으며, 그것들을 누리는 아이에게 학교 안팎에서 더 유리하게 작용한다. 따라서 가난한 학생은 진급이나 학습을 학교에 의존하는 한 일반적으로 더 뒤처지게 되어 있다. 가난한 사람들은 그들을 배울 수 있게 해주는 돈이 필요한 것이지, 그들에게 과도하게 부족하다고 여겨지는 처치를 더 해달라는 것이 아니다.

이 모든 것은 부유한 나라만이 아닌 가난한 나라에서도 마찬가지이지만, 가난한 나라에서는 조금 다른 외양으로 나타난다.

즉 가난한 나라의 현대화된 가난은 더 많은 사람에게 더 뚜렷한 영향을 미치지만, 동시에 다소 일시적인 영향만 준다. 라틴아메리카 아동의 3분의 2는 초등 5학년 이전에 학교를 그만두지만, 이런 '도망자들'(*desertores*)이 미국의 탈락자만큼 나쁜 상황을 겪는 것은 아니다.

그러나 오늘날 여전히 고전적인 가난—안정화되어 있고 사람들을 덜 무능력하게 만드는 가난—을 겪고 있는 나라는 별로 없다. 라틴아메리카 국가들도 이제는 대부분 경제 개발과 경쟁적 소비를 향해 '이륙하는' 단계에 있으며, 따라서 현대화된 가난으로 가고 있는 중이다. 즉 그 시민들은 여전히 가난하게 살면서도 생각은 부자처럼 하는 법을 배우고 있다. 그 나라들 역시 6~10년의 학교교육을 법으로 강제한다. 그래서인지 아르헨티나뿐 아니라 멕시코, 브라질에서도 평균적 시민들은 충분한 교육기간을 정의하는 데 있어 미국의 기준을 따른다. 하지만 그런 장기적 학교교육을 받을 수 있는 기회는 극소수에게 한정되어 있다. 그럼에도 이들 나라의 대다수 사람들은 이미 학교에 '낚여' 있다. 다시 말해 자기들보다 더 많이 학교교육을 받은 이에 대해 열등감을 가질 정도로 학교화되어 있다. 학교에 대한 이런 맹신 때문에 그들은 이중으로 착취당하는 처지가 되었다. 즉 공적 자금이 소수를 교육하는 데 더 많이 분배되고 있고, 나머지 대다수는 사회적 통제만 고분고분 받아들이고 있는 것이다.

역설적이게도, 보편적 학교교육이 절대적으로 필요하다는 신념은 극소수 사람만이 학교 서비스를 받고 있는 나라들에서 가장 확고한 지지를 받고 있다. 하지만 라틴아메리카의 대다수 학부모와 아이들에게는 여전히 이런 교육 경로에서 벗어날 기회가 있다. 학교와 교사에게 투자되는 국가 예산의 비율은 부유한 나라보다 높지만, 절대 액수로는 국민 대다수를 4년간 학교에 다니게 하기에도 부족하기 때문이다. 그래서 쿠바의 피델 카스트로는 나라 안의 삶 전체가 교육적 경험이 될 것이기에 1980년까지는 모든 대학교를 철폐할 수 있을 것이라고 약속하기도 했다. 물론 이 말만 들으면 그가 탈학교의 방향으로 가고자 하는 것처럼 생각할 수도 있다. 그러나 쿠바도 다른 모든 라틴아메리카 나라들처럼 중학교 및 고등학교 수준에서 '학령기'로 정의된 기간을 거치는 것이 모든 사람의 의심할 바 없는 목표인 것처럼 행동하고 있으며, 단지 일시적인 자원 부족 때문에 지연이 되고 있는 것처럼 말하고 있다.

더 많은 교육적 처치가 미국에서 실제로 제공되고 있고 라틴아메리카에서는 단지 약속에 불과하다 해도, 두 경우는 서로를 보완하는 한 쌍의 속임수라고 할 수 있다. 미국의 빈곤층은 12년의 교육적 처치 때문에 오히려 무능력해지고 있고, 남아메리카의 빈곤층은 그것에 못 미치는 수준 때문에 희망 없는 낙오자로 낙인이 찍히고 있다. 북아메리카이든 남아메리카이든 가난한 이들이 의무적 학교교육을 통해 평등을 확보할 방법이란 없는 셈이다. 양쪽 어디에서나 학교는 존재하는 것만으로도 가난한 이들로부터 스스로 배울 능력을 빼앗고 그렇게 할 수 있는 용기를 좌절시킨다. 세계 어디에서나 학교는 사회에 반교육적 영향을 미친다. 학교만이 교육을 전문적으로 제공할 수 있는 기관처럼 인식되고 있기 때문이다. 하지만 상당수 사람들은 너무 많은 비용을 쓰고, 너무 복잡하며, 늘 비밀에 싸여 있고, 때로는 거의 불가능한, 그런 임무를 지고 있다는 것을 증거로 들어 학교가 실패했다고 여긴다.

끝없이 상승하는 학교 비용

이렇듯 학교는 교육에 쓰일 돈, 인력, 선의를 독점하고, 나아가 학교 외의 제도들이 교육이라는 임무 자체를 맡지 못하도록 방해한다. 일, 여가, 정치, 도시생활, 그리고 심지어 가정생활조차 교육의 수단이 되지 못하고 그것들이 가르치기로 되어 있는 생활습관, 지식 등을 학교에 의존해 가르친다. 이렇게 학교 의존도가 높아지면 학교와 그것에 기댄 다른 제도들은 시장에서 높은 가격을 붙일 수 있다.

미국의 1인당 학교교육 비용은 병원 치료비와 거의 같은 속도로 상승해 왔다. 그러나 의사와 교사의 처치 비용이 이렇게 상승했는데도 성과는 꾸준히 저하되기만 했다. 45세 이상에게 집중된 의료비는 지난 40년 동안 두 배씩 몇 번을 거듭해 올랐지만, 결과는 기대수명을 3퍼센트 늘리는 데 그쳤다. 교육비 증가는 더 이상한 결과를 낳았다. 그렇지 않았다면 1971년 봄 닉슨 대통령이 가까운 장래에 모든 아이들이 학교를 졸업하기 전까지 '읽을 권리'를 갖게 하겠다고 약속하지는 않았을 것이다.

미국에서 교육당국이 중고등학생 전원에게 평등한 교육 처치를 해주려면 연간 800억 달러가 필요할 것이다. 이 액수는 현재 지출되고 있는 360억 달러의 두 배가 훨씬 넘는다. 보건교육복지부와 플로리다대학교가 각기 산정한 교육비 추계에 따르면 1974년에는 그 금액이 1,070억 달러에 이를 것으로 예상되는데, 현재 계획 중인 것은 450억 달러에 불과하다. 게다가 여기에는 수요가 매우 빠르게 늘고 있는 대학 교육의 막대한 비용이 빠져 있다. 베트남 전쟁 비용을 포함한 '방위비' 명목의 예산을 1969년 한 해 동안 거의 800억 달러나 지출한 미국이, 평등한 학교교육에 들인 예산은 극히 빈약했음을 뚜렷이 보여주는 수치이다. 대통령 직속 학교재정연구위원회는 이렇게 증가하고 있는 비용을 어떻게 지원하거나 삭감할지에 대해서는 전혀 연구하지 않고, 어떻게 문제를 회피할 수 있는지에 대해서만 고민한다.

의무적 학교교육을 평등하게 제공한다는 것은 경제적으로도 실현할 수 없는 과제임을 깨달아야 한다. 라틴아메리카에서 대학 졸업 때까지 한 사람에게 들어가는 공적 자금은 중위소득 시민에게 지출되는 비용의 350~1,500배에 이른다. 미국에서는 차이가 그보다 적지만 차별은 더 심각하다. 10퍼센트 가량의 가장 부유한 부모들은 아이를 사립학교에 보낼 수 있고, 재단 보조금으로 자기 아이들을 돕는다. 그러나 그들은 그것에 더하여 가장 가난한 10퍼센트 아이들에게 들어가는 1인당 교육비의 열 배가 넘는 공적 자금을 쓴다. 그렇게 할 수 있는 가장 큰 이유는, 부유한 아이들이 더 오래 학교에 다니고, 대학교 1년을 다니는 데 고등학교 1년을 다니는 것보다 훨씬 많은 비용이 들어가며, 거의 대부분의 사립대학이 (최소한 간접적으로라도) 세금에서 나온 재정에 의존해 운영되기 때문이다.

의무적인 학교교육은 불가피하게 한 사회를 양극화한다. 또한 그것은 세계의 모든 나라들을 국제적인 카스트 체제로 등급화한다. 각 나라들은 카스트처럼 등급이 매겨져서 시민의 평균 수학연한이 몇 년인가에 따라 교육적 위상이 결정된다. 이런 등급 매기기는 1인당 국민총생산(GNP)과도 밀접하게 관련이 되어 한층 고통을 더한다.

학교의 역설은 분명하다. 학교에 대한 지출이 늘수록 국내와 국외 공히 파괴적 현상만 더 확대되고 있는 것이다. 이 역설은 공적인 의제로 다뤄져야 한다. 물질적 재화를 생산하는 현재의 추세를 뒤집지 않으면 조만간 물리적 환경이 생화학적 오염에 의해 파괴되리라는 것은 일반적으로 인정되는 사실이다. 마찬가지로 우리는 사회생활과 개인생활 역시 보건교육복지 정책이 끼친 폐해에 의해 위협받고 있음을 인식해야 한다. 이 폐해는 복지의 강제적이고 경쟁적인 소비가 낳은 불가피한 부산물이라 할 수 있다.

학교교육의 확대는 군비 확장과 마찬가지로 파괴적이지만, 그것에 비해서는 눈에 잘 띄지 않는다. 세계 어느 곳에서나 학교에 들어가는 비용은 취학자 수보다 더 빠르게 증가하고 있으며, 국민총생산보다 훨씬 빠른 속도로 늘어나고 있다. 그럼에도 어디에서나 학교에 대한 지출은 부모, 교사, 학생의 기대에 훨씬 못 미친다. 세계 어디에서나 벌어지고 있는 이런 상황은 탈학교 교육을 위한 대규모 계획을 수립하려는 의욕을 꺾고 재정 확보 노력을 좌절시킨다. 특히 미국은 아무리 부유한 나라라 해도 학교 체제가 존재한다는 단순한 이유로 인해 생겨난 수요를 모두 충족시킬 만큼 학교교육을 공급할 수는 없다는 것을 세계에 증명하는 사례이다. 왜냐하면 성공적인 학교 체제는 그것이 성공적일수록 학부모와 학생으로 하여금 더 큰 규모의 학교 체제를 요구하게 하고, 상급학교 진학에 대한 수요와 희소성만 높여서 결국 비용을 더 큰 폭으로 증가시키기 때문이다.

우리는 단지 일시적 이유 때문에 평등한 학교교육을 실현하지 못하고 있다고 생각하기보다는 경제 원리상 그것이 모순되고, 그런 시도 자체가 지적으로 무모한 일이며, 사회적으로는 양극화를 초래하고, 평등한 교육을 촉진하려는 정치 체제의 신뢰성을 해친다는 것을 깨달아야 한다. 게다가 학교교육을 의무화해야 한다는 이데올로기는 어떤 논리적 한계도 인정하지 않는다. 최근 백악관은 그 훌륭한 사례를 보여준 바 있다. 닉슨이 대통령 후보가 되기 전부터 그의 주치의였던 정신과의사 아널드 허치네커는 대통령에게, 6~8세의 모든 아이들에게 전문적 검사를 받게 하여 파괴적 성향을 가진 아이들을 가려내고 치료를 의무적으로 받게 해야 한다고 조언했다. 필요한 경우에는 특수기관에서 재교육을 시키는 것까지 포함해서 말이다. 대통령은 허치네커의 제안을 보건교육복지부에 보내 검토해보도록 지시했다. 범죄 가능성이 있는 사람을 예방적으로 수용하는 보호감호소는 사실상 학교 체제를 논리적으로 발전시킨 것이라고 할 수 있다.

첫 번째 착각
—교육과 사회적 역할 배분의 동일시

평등한 교육 기회란 실로 바람직한 것이며 실현 가능한 목표이기도 하다. 그러나 이것을 의무적 학교교육과 동일시하는 것은 구원을 교회와 동일시하는 것과 같다. 학교는 현대화된 가난을 겪는 이들에 대해 세속종교 역할을 하고 있고, 첨단기술 시대의 빈자들에게 그들의 삶을 구원해주겠다는 헛된 약속을 하고 있다. 국민국가는 학교 제도를 도입함으로써 모든 시민을 등급화된 교육과정에 집어넣어 단계마다 졸업장을 따게 하는데, 이것은 과거의 교회 입교식이나 성직자 승급과 다를 바 없는 것이다. 현대 국가는 교육자가 판단을 내리면 선의의 미취학 단속반이나 취업 자격 등을 통해서 그 판단을 집행할 의무를 진다. 이것 역시 스페인 왕이 콩키스타도르[14]와 종교재판관들을 통해 신학자들이 내린 판단을 집행했던 것과 같은 경우라 할 수 있다.

2세기 전에 미국은 단일 교회의 독점을 폐지하는 운동에서 세계를 이끈 바 있다. 이제 우리는 학교의 독점을 헌법적 차원에서 폐지하고, 학교를 통해 편견과 차별을 합법적으로 조장하는 체제를 무너뜨릴 필요가 있다. 현대의 인본주의적 사회를 위한 권리장전 제1조는 미국 수정헌법 제1조[15]에 상응하는 형태로, "국가는 교육을 국교화하기 위한 어떤 법률도 제정할 수 없다"는 조항이 되어야 한다. 모두에게 특정 종교를 강요하는 것은 있어서

---

14 *Conquistador*. 왕명을 받은 신대륙 정복자들을 일컫는 말이지만, 원래는 이슬람 세력에 대한 영토회복운동(레콩키스타) 당시 이단적 주교를 단속하고 이교도를 개종시키는 임무를 수행했다.

15 미국 수정헌법 제1조부터 제10조까지는 '권리장전'이라고도 하며, 제1조는 "연방의회는 국교를 정하거나 또는 자유로운 신앙 행위를 막는 어떠한 법률도 제정할 수 없다"로 시작해 종교, 언론, 출판의 자유와 집회 및 청원의 권리를 규정하고 있다.

는 안 될 일이다.

이 같은 폐지가 효력을 발휘하려면, 어떤 선행 교육과정을 밟았는지를 보고 취업 자격, 선거권, 입학 자격 등을 주는 차별 행위를 법으로 금지해야 한다. 그렇다고 해서 이런 금지가 특정 기능이나 역할에 대한 적성을 알아보는 실기 테스트까지 막는 것은 아니다. 그보다는 막대한 액수의 공적 자금을 써서 특정 기술을 익힌 사람이나, 어떤 쓸모 있는 기술이나 직무와 관계없이 졸업장 딸 능력만 키운 사람을 우선적으로 뽑는 현재의 불합리한 차별을 제거해줄 것이다. 학력(學歷)이 짧다고 해서 자격을 박탈당하는 일이 없도록 시민을 보호할 때 비로소 학교라는 국교의 폐지도 심리적 효력을 발휘할 것이다.

학교교육으로는 배움도 정의도 증진할 수 없다. 왜냐하면 교육자들은 가르침(instruction)과 자격증이 한 패키지인 양 주장하기 때문이다. 학습과 사회적 역할 배분이 한데 섞여 학교교육 안에 녹아들어 있는 것이다. 그러나 배움이란 것이 새로운 기능이나 통찰력의 습득을 뜻하는 데 반해, 사회적 지위 상승은 주로 남들이 제시한 의견에 의존해 이루어지는 것이다. 물론 배움이 가르침의 결과인 경우는 여전히 흔하다. 하지만 직업 시장에서의 역할 및 직종 선택이 단지 학교에 다닌 기간에 좌우된다는 것은 참으로 기이한 일이다.

가르침이란 공부의 환경을 잘 마련해서 배움을 용이하게 해주는 일이다. 그에 반해 역할은 후보자가 사회적 지위 상승을 위해 갖춰야 할 조건에 대한 교육과정(curriculum)을 마련해서 그에게 설정해주는 것이다. 학교는 가르침―배움이 아니라―을 통해 이런 역할 배분을 하고 있다고 주장한다. 이것은 합리적이지도 자유롭지도 않다. 합리적이지 않은 이유는, 학교가 자격이나 능력을 보고 역할을 배분하지 않고, 그런 자격을 얻을 수 있다고 하는 과정을 이수했는지를 보고 역할을 배분하기 때문이다. 또한 그것이 자유롭지도 교육적이지도 않은 이유는, 학교가 이미 인정되어 있는 사회적 통제 수단에 맞게 배움의 각 단계를 밟고 있는 사람에게만 가르칠 준비를 하고 있기 때문이다.

이처럼 '교육과정'은 언제나 사회적 지위를 배분하는 데 이용되어 왔다. 심지어 그것은 태어나기 전부터 적용되는 때도 많았다. 가령 전생의 업 때문에 특정 카스트가 되거나, 혈통에 의해 귀족이 되는 경우가 그러하다. 교육과정은 단계적인 성직 서품과 같이 관습의 형태를 취하기도 했고, 전쟁이나 사냥에서 잇따른 개가를 올리는 것을 가리키기도 했다. 아니면 이전에 군주가 내린 일련의 은전에 따라 그 이상의 지위 상승이 이뤄지기도 했다. 반면에 보편적 학교교육은 이러한 개인의 생애사와 무관하게 역할 배분을 하겠다는 의도에서 시작된 것이다. 즉 어떤 직위든 동등하게 오를 수 있는 기회를 모든 사람에게 부여하기 위한 것이었다. 지금도 많은 사람은 학교가 적절한 학습 성과를 올렸는지에 대해 공적 보증을 해주는 곳이라고 잘못 알고 있다. 하지만 오늘날의 학교는 기회의 평등보다는 기회를 독점적으로 배분하는 곳에 불과하다.

교육과정과 관계없이 한 사람의 능력을 판단하려면 먼저 개인의 학력을 조사하지 못하게 해야 한다. 그것은 가입한 정당이나 소속된 종교, 혈통, 성적 취향, 인종적 배경에 대한 조사를 금지하는 것과 같다. 학력에 근거한 차별을 금지하는 법이 시행되어야 한다. 물론 법이 있다고 해도 학력이 짧은 사람에 대한 편견을 막을 수는 없고, 독학한 사람과 결혼하라고 강제할 수도 없다. 그러나 적어도 부당한 차별을 하려는 의욕은 꺾을 수 있다.

두 번째 착각
—배움이 가르침의 결과라는 오해

학교 체제가 기대고 있는 두 번째 중요한 착각은 대부분의 배움이 가르침의 결과라고 하는 것이다. 가르침이 어떤 상황에서는 특정 종류의 배움에 기여하는 것도 사실이다. 하지만 대다수 사람들은 그런 지식 대부분을 학교 바깥에서 습득한다. 학교에서 그것을 습득한다는 것은, 부유한 일부 나라에서 학교가 삶의 점점 더 많은 기간 동안 사람들을 감금하는 장소가 되어버렸다는 의미에서만 그럴 뿐이다.

대부분의 배움은 우연히 얻어지는 것이고, 의도해서 얻은 배움조차 계획적인 가르침이 가져온 결과가 아니다. 보통의 아이들은 모어를 우연하게 배운다. 부모가 관심을 기울이면 조금 더 빨리 배우기는 하지만 말이다. 대부분의 사람들이 외국어를 습득하는 것도 우연한 사정에 의한 것이지, 계획적인 가르침을 받은 결과가 아니다. 가령 외국의 할아버지 댁에서 살게 되었거나, 여행을 하게 되었거나, 외국인과 사랑에 빠진 덕분이다. 유창한 읽기 능력도 정규 교육과정 이외의 활동에서 얻은 결과다. 폭넓게 책을 읽고 즐기는 사람들은 학교에서 그것을 배워서 그런 것이라고 단순하게 믿곤 한다. 하지만 정말로 그런지 물어보면 그들도 금방 그런 착각을 버린다.

　그러나 대부분의 배움을 우연히 얻은 것으로 보거나 일 또는 여가 활동의 부산물로 본다 해도, 이로부터 계획된 가르침이 배움에 아무런 보탬이 되지 않는다거나, 또는 둘 다 개선할 필요가 없다는 결론이 도출되는 것은 아니다. 훈련(discipline)이라는 것이 지금은 히브리어나 교리문답이나 구구단을 암기시키는 구식 교사를 연상시키는 점이 있지만, 새롭고 복잡한 기술(skill)을 연마해야 하는 과제를 만난 열의 있는 학생이라면 그런 훈련으로부터 큰 도움을 받을 것이다. 학교는 오늘날 이런 종류의 반복 훈련을 거의 하지 않을뿐더러 질 낮은 교육인 것처럼 폄하한다. 하지만 보통의 적성을 가진 학생도 학습 동기만 있으면 이런 전통적 방법으로 몇 달 안에 익힐 수 있는 기능들이 많이 있다. 암호코드를 짜거나, 제2 또는 제3 외국어를 읽고 쓰거나, 대수·컴퓨터프로그래밍·화학분석과 같은 특수 언어를 배우거나, 타자·시계제작·배관·배선·TV수리와 같은 수작업 기술, 또는 댄스·자동차운전·다이빙 등을 익히는 경우다.

어떤 경우, 특정 기술을 목표로 한 학습 프로그램에 참여하려면 그전에 다른 기술을 먼저 갖춰야 할 때도 있지만, 그런 선행 기술의 습득 과정을 마쳤는지를 보고 학생을 참여시켜서는 안 된다. 예를 들면 TV수리 기술을 배우는 데 문해력과 일정 정도의 수학 실력을 조건으로 걸거나, 다이빙을 배우는 데 먼저 수영 실력을 요구하거나, 운전을 배우기 위해서는 그 몇 가지를 약간씩 다 할 줄 알아야 한다고 조건을 다는 경우가 그러하다.

기술을 배우는 과정은 객관적으로 측정 가능하다. 평균적인 학습 동기를 가진 성인에게 필요한 최적의 시간과 교재가 어느 정도인지는 쉽게 추산할 수 있다. 제2 언어로 유럽어를 상당히 유창하게 말하는 수준까지 가르치는 비용은 미국의 경우 400~600달러가 들고, 동양어를 가르치는 데 드는 시간은 유럽어보다 두 배 정도가 필요하다. 그러나 이것은 뉴욕에서 12년간의 학교교육—공중위생 부서에서 노동자를 채용하는 조건—을 받는 데 드는 수만 달러의 비용보다 훨씬 적은 것이다. 그러나 교사는 물론이고 인쇄기술자나 약사도 그들을 훈련하는 데 막대한 비용이 들어간다는 공적 환상을 지어냄으로써 자기들의 직업을 보호하려 한다는 것은 의심할 수 없는 사실이다.

오늘날 학교는 대부분의 교육 재정을 선점하고 있다. 학교에서 받는 비슷한 교육보다 비용이 덜 드는 반복 훈련은 이제 학교를 건너뛰어도 될 만큼 부자이거나 군대 또는 대기업에 근무하면서 직무교육을 받는 이들만이 누리는 특권이 되었다. 혹시라도 미국이 점진적으로 교육의 탈학교화 계획을 추진하게 된다면, 처음에는 반복 교육에 투입할 수 있는 자원과 인력이 그리 많지 않을 것이다. 그러나 결국에 가서는 누구든 생애 어느 때나 수백 가지 기술 중 하나를 선택해서 공적 자금으로 배우는 데 아무런 지장도 받지 않게 될 것이다.

가난한 이들을 포함한 모든 연령대의 사람들에게 어느 기술 센터에서나 사용할 수 있는 교육 크레디트를 지금 당장 제한 없이 배부하기는 어려울 것이다. 나는 그러한 신용증서를 '교육여권' 또는 '교육신용카드'(edu-credit card) 형태로 만들어서 모든 시민에게 태어날 때부터 제공하는 경우를 상상해본다. 가난한 이들이 매년 제공받는 교육 지원금을 어린 나이 때부터 쓰기는 어려울 거라는 점을 고려해, 그 권리를 비축해두었다가 나중에 사용할 때 그들에게 유리하도록 이자를 붙여 제공하는 방식을 채택할 수도 있을 것이다. 이런 방식의 크레디트를 제공한다면, 대다수 사람들이 학교보다 더 훌륭하게, 더 빨리, 더 값싸게, 그리고 원치 않는 부작용을 최소한으로 줄여서 자신에게 가장 필요할 때에 편의대로 기술을 습득할 수 있을 것이다.

기술을 가르칠 교사도 장기적으로는 부족하지 않을 것이다. 왜냐하면 한편으로 기술에 대한 수요는 그것이 사회에서 사용되는 딱 그만큼만 늘어나는 경향이 있기 때문이고, 다른 한편으로 특정 기술을 훈련한 사람은 동시에 그것을 가르칠 수도 있기 때문이다. 하지만 지금은 기술에 대한 수요가 있고 그것을 가르칠 교사가 필요한데도 그 기술을 가진 사람이 타인에게 기술을 가르칠 마음을 먹지 못하게 되어 있다. 자격증 발급을 독점하고 있는 교사나 직업적 이익을 지키려는 노동조합이 압력을 가하기 때문이다. 하지만 기술센터가 만들어지면 거기 고용된 사람이나 거기서 만든 교육과정이 아닌 그 성과에 의해 고객의 평가를 받을 것이고, 현재로서는 고용이 어려워 보이는 사람들에게도 예상치 못한 노동의 기회를 활짝 열어줄 것이다. 정말로 이런 기술센터가 일터 내에 설치되지 못할 이유가 없다. 왜냐하면 이렇게 일하면서 배우는 방식으로 자신의 교육 크레디트를 사용하겠다는 사람들에게 고용주와 기존 직원이 일자리와 교육을 제공하지 않을 이유가 없기 때문이다.

학교만이 배움을 제공할 수 있다?

1956년 뉴욕 대교구에서는 교사, 사회복지사, 신부 수백 명에게 긴급히 스페인어를 가르칠 필요가 생겼다. 부쩍 늘어난 푸에르토리코 사람들과 소통을 해야 했기 때문이다. 내 친구 게리 모리스가 스페인어 라디오방송을 통해 할렘에 사는 스페인어 모어 사용자를 모집한다는 공고를 냈다. 다음날 2백 명이 넘는 십대들이 그의 사무실 앞에 줄을 섰고 게리는 그들 가운데 48명을 뽑았다. 뽑고 보니 대부분 학교를 중퇴한 청소년들이었다. 그는 미국 외무연수원이 대학원 수준의 언어학자용으로 만든 스페인어 교재를 활용해 그들을 훈련시켰는데, 겨우 일주일 만에 이 선생들은 스페인어를 배우려는 뉴욕 사람들을 각자 4명씩 맡아 독자적으로 가르칠 수 있게 되었다. 6개월 만에 그들의 임무는 끝이 났다. 스펠만 추기경은 산하 127개 교구에 스페인어를 말할 수 있는 인력들이 최소 3명씩 생겼다고 자랑했다. 어떤 학교 프로그램도 이런 성과를 올릴 수는 없었다.

기술을 가르칠 사람이 부족한 것은 자격증의 가치에 대한 믿음이 완강하기 때문이다. 자격 증명은 사실상 시장 조작의 한 형태라 할 수 있으며, 학교화된 이들에게만 그럴듯하게 보이는 것이다. 기술과 직업을 가르치는 대다수 교사들은 실제로 최상급 장인이나 직공에 비해 능숙하지도 창의적이지도 않으며 의사소통에 능하지도 않다. 스페인어나 프랑스어를 가르치는 대부분의 고등학교 교사들도 반년 정도 충분히 반복 훈련을 한 학생보다 말을 정확하게 하지 못한다. 푸에르토리코의 앙헬 킨테로가 실시한 실험에 따르면, 많은 십대들에게 적절한 자극과 프로그램을 제공하고 적절한 도구를 쓸 수 있게 해주었더니, 식물, 별, 물질을 과학적으로 탐구하는 과제에 친구들을 끌어들이고 모터나 라디오가 어떻게 작동하는지 알아내는 데 그들 교사보다 훨씬 뛰어났다고 한다.

교육이라는 '시장'을 개방한다면 기술 습득의 기회는 크게 늘어날 것이다. 다만 적절한 교사와 적절한 학생을 어떻게 매치시켜 주느냐가 문제다. 이것이 가능하다면 학생은 교육과정에 구속받지 않고 잘 설계된 프로그램으로부터 높은 동기를 부여받을 것이다. 그러나 정통 교육자들은 자유롭고 경쟁력 높은 반복 훈련을 교육에 대한 전복이자 신성모독으로 여긴다. 그런 훈련은 학교가 패키지로 묶어놓은 이른바 '전인 교육'에서 기술 습득을 분리하는 것이요, 따라서 예측할 수도 없는 목적을 위해 인가되지 않은 교육과 학습을 조장하는 것이라고 한다.

그런데 최근 들어 매우 중대한 의미를 가진 듯 보이는 계획안이 미국에서 공표된 바 있다. 공공정책연구소의 크리스토퍼 젱크스가 입안하고 경제기회국(Office of Economic Opportunity)이 지원한 계획이다. 이 계획안은 사람들에게 각자 학교를 선택하게 하고 거기 다닐 수 있는 비용을 교육 '권리증'이나 지원금의 형태로 학부모와 학생에게 직접 줄 것을 제안하고 있다. 이러한 개인 권리증은 올바른 방향으로 가는 중요한 발걸음이 될 수 있다. 우리는 세금으로 만들어진 교육 자원을 평등하게 분배받을 권리, 분배가 제대로 이루어졌는지 확인할 권리, 분배를 받지 못했을 때 소송할 권리를 시민 모두에 대해 보장할 필요가 있다. 이것은 역진세[16]와는 반대되는 형태의 보장책이기도 하다.

그러나 젱크스의 계획안은 다음과 같은 불길한 설명으로 시작한다. "보수주의자나 자유주의자나 진보주의자 모두 미국의 교육 제도가 직업 교사들에게 동기 부여를 거의 못하는 탓에 대다수 아이들에게 질 높은 교육을 제공하지 못하고 있다고 늘 불평한다." 이 계획안은 지원금의 사용처를 학교교육에만 쓸 수 있도록 제한함으로써 스스로를 궁지에 몰고 있는 셈이다. 이것은 다리 저는 사람에게 의족 한 쌍을 주고 그것을 반드시 함께 착용해야 한다고 조건을 다는 것과 같다.

교육 지원금에 대한 현재의 제안은 직업 교사뿐 아니라 인종주의자, 종교교육 옹호자, 그밖에 사회적 차별에서 이익을 취하는 이들의 수중에 지원금을 맡기겠다는 것과 다르지 않다. 무엇보다도 이런 교육 권리증을 학교 내에서만 사용하도록 제한하게

---

16 regressive taxation. 누진세와 반대되는 개념으로, 과세액이 클수록 세율이 낮아지는 조세제도.

되면, 이미 입증된 지식보다는 그런 지식을 얻을 수 있다고 가정된 교육 경로에 사회 발전이 발목 잡히는 사회가 될 것이고, 그런 사회에서 계속 살기를 원하는 사람들에게만 혜택을 주는 결과를 초래할 것이다. 학교만을 우선시하는 이런 차별적 사고는 교육 재정의 재편을 제안하는 젱크스의 논의에도 지배적으로 나타나고 있는데, 이것은 교육 개혁에 있어 가장 결정적으로 갖춰야 할 원칙―곧 학습의 동기와 책임을 학습자나 그와 가장 가까운 선생에게 되돌려주어야 한다는 원칙을 무시하는 것이다.

사회를 탈학교화한다는 것은 배움이란 것이 두 가지 성격을 갖고 있음을 인식하는 것이기도 하다. 즉 반복 훈련에만 오로지 몰두하는 것도 일종의 불행일 수 있으므로, 다른 종류의 배움도 똑같이 중요시해야 한다는 인식이다. 그러나 학교가 기술을 배우는 데 부적합한 곳이라면 교육을 달성하는 데도 부적합한 곳이다. 학교는 둘 다 제대로 해내지 못하고 있다. 그 이유 중의 하나는 학교가 이 두 가지를 구별하지 않기 때문이다. 학교가 기술 교육에 효과적이지 못한 이유는 무엇보다 그것을 교육과정 안에 넣어놓았다는 데 있다. 대부분의 학교에서 기술을 향상시키기 위해 마련한 프로그램은 늘 그것과 무관한 과제와 연계되어 있다. 가령 수학을 잘하기 위해서는 역사를 먼저 공부해야 한다든지, 수업 참여횟수에 따라 운동장을 이용할 권리를 준다든지 하는 것이다.

심지어 학교는 내가 '자유교육'(liberal education)[17]이라는 이름으로 부르는 교육, 즉 습득한 기술을 자유로이 탐구적으로 사용하도록 장려하는 환경을 제공하는 데도 별로 효율적이지 못하다. 그 주된 이유는 학교가 강제적으로 다녀야 하는, 학교교육만을 위해 학교교육을 하는 곳이 되었기 때문이다. 즉 학생을 교사 앞에 강제로 잡아둠으로써 더 많은 교사들에게 의심스런 특권을 누리게 하는 곳이기 때문이다. 기술 교육이 교육과정이라는 굴레에서 벗어나야 하는 것처럼 자유교육도 의무 출석 제도에서 벗어나야 한다.

기술 습득과 창의적 활동을 위한 교육 모두 제도적 장치로부터 도움을 받을 수는 있지만, 두 가지는 원래 상이한 것들이고 자주 정반대의 특성을 보여주는 것들이다. 대부분의 기술은 반복 훈련으로 습득할 수 있고 향상시킬 수 있다. 왜냐하면 기술이란 일정하게 정의할 수 있고 예측할 수 있는 행동의 습득을 의미하기 때문이다. 따라서 기술은 그것이 사용될 상황과 비슷한 환경을 마련해서 가르칠 수 있다. 하지만 기술을 탐구적이고 창의적으로 사용하는 방법은 반복 훈련을 통해 가르칠 수 있는 것이 아니다. 가르침의 결과로 학습이 이루어질 수는 있지만, 이런 종

---

17 아리스토텔레스 때부터 내려오는 교육의 이상으로, 전문기술 교육과 구분해서 학습자의 자발적 활동과 교사의 창의성을 통해 이루어지는 교육을 말한다. 흔히 말하는 교양교육(liberal arts education)과는 다소 다르다.

류의 교육은 반복 훈련과는 근본적으로 대립되는 것이다. 교육이란 공동체 안에서 그 공동체가 축적해온 기억에 접근할 수 있는 열쇠를 이미 가지고 있는 당사자들 사이의 관계에 의존하는 활동이다. 또한 교육은 학습자와 그 상대가 예기치 못한 문제에 놀라서 새로운 출구를 찾는 과정에서 이루어지는 것이기도 하다.

이렇듯 기술 교사는 학습자에게 문제에 대한 표준적인 대응 방식을 익힐 수 있는 환경을 제공함으로써 그를 가르친다. 반면에 교육 안내자나 교육 대가는 교육 당사자들을 매치시켜줌으로써 배움이 일어나게 하는 데 관심을 가진다. 학습자들 자신의 미해결 문제로부터 시작하도록 개인들을 맺어주는 것이다. 선생이 학생을 도울 수 있는 부분은 기껏해야 문제 상황을 만들어주는 것뿐이다. 왜냐하면 문제를 명확히 언급해주기만 해도 학생은 같은 시점에 자신과 동일한 상황에 있는 상대를 찾아서 같은 문제를 같은 맥락에서 탐구할 힘을 얻기 때문이다.

스스로 조직하는 교육

교육 목적을 위해 당사자들을 매칭해주는 일은 처음에는 같은 현장에서 기술 교사와 배울 사람을 찾아내는 것보다 어렵게 보인다. 그 이유의 하나는 학교가 우리에게 심어준 두려움 때문이다. 우리는 우리 자신이 적당한 사람인지 검열하는 두려움에 사로잡혀 있다. 사회적, 지적, 정서적으로 중요한 문제를 공유하는 사람들이 제약 없이 만날 기회를 갖는 것보다, 차라리 인가받지 않은 기술 교류―심지어 바람직하지 않은 기술까지 포함해서―가 더 예측 가능하고 따라서 덜 위험해 보이는 것도 그 때문이다.

브라질의 교육자 파울루 프레이리는 경험을 통해 이것을 알고 있었다. 그는 어떤 성인 문맹자라도 그 사람이 처음 해득한 단어들에 정치적 의미가 있음을 알게 되면 불과 40시간 만에 글을 읽는 단계로 들어설 수 있다는 사실을 발견했다. 프레이리는 동료 교사들을 훈련시켜 시골 마을에 들어가게 했고, 우물 이용 문제나 지주에게서 빌린 빚의 복리이자와 같이 당면한 중요 사안들을 가리키는 단어를 뽑도록 했다. 저녁마다 마을사람들은 이런 키워드들을 토론하기 위해 모였다. 사람들은 각 단어의 발음소리가 사라진 후에도 흑판에 단어가 남아있다는 것을 깨달았다. 그 문자들이 계속 현실과 연결되어 있고, 그 현실을 하나의 문제로 다룰 수 있다는 것을 깨닫기 시작한 것이다. 나는 모임 참석자들이 어떻게 사회의식을 키워나가고, 읽기를 배우자마자 어떻게 저절로 정치적 행동에 나서는지를 생생하게 목격했다. 그들은 현실을 쓰자마자 그것을 확보한 것처럼 보였다.

나는 연필 무게에 대해 불평하던 사람, 즉 연필이 삽처럼 무겁지 않아서 사용하기 힘들다고 한 사람을 기억한다. 다른 한 사람도 기억나는데, 그는 일하러 가다가 친구를 만나서 괭이로 땅바닥에 '물'이라 쓰고 그것에 대해 토론을 벌였다. 1962년 이후 내 친구 프레이리는 여러 나라에서 거듭 추방을 당하게 되었다. 주된 이유는 그가 공인된 교육자들이 미리 고른 단어들을 중심으로 수업을 진행하지 않고 수업 참석자들이 가져온 민감한 단어들을 주로 사용했다는 것이었다.

이미 성공적으로 학교화된 사람들 사이의 교육적 매칭은 어떻게 해야 하는지도 따로 생각해볼 부분이다. 그런 도움이 필요치 않은 사람은 거의 없으며, 심지어 심각한 학술지를 읽는 사람도 그 점에서는 마찬가지다. 그렇다고 해서 단어 하나, 그림 하나, 슬로건 하나에 대한 토론을 하기 위해 여러 사람을 모을 수는 없고 그럴 필요도 없다. 하지만 여기에 들어있는 생각은 같다. 즉 이런 사람들 역시 자신들이 주도적으로 선택하고 결정한 문제를 위해 모일 수 있어야 한다는 것이다. 창의적이고 탐구적인 학습을 위해서는 같은 용어나 같은 문제를 놓고 함께 고민하는 동료가 필요하다. 큰 대학들은 강좌수를 늘려서 학생들을 맺어주려는 무익한 시도를 하고 있는데, 교과과정, 이수 체계, 관료적 행정 때문에 대개는 실패하고 있다. 이처럼 대학을 비롯한 모든 학교에서는 제한된 숫자의 학생들에게서 시간과 동기를 끌어내는 데 대부분의 자원을 소모하고 있다. 학생들로 하여금 의례적으로 꾸민 조건 하에서, 미리 정해놓은 문제들을 풀도록 하고 있기 때문이다. 학교에 대한 가장 근본적인 대안은, 같은 관심사를 가진 사람끼리 그 관심사를 공유할 수 있도록 모두에게 동등한 기회를 열어주는 네트워크를 만들거나 그런 서비스를 제공해주는 형태여야 할 것이다.

그 하나의 예로 뉴욕에서 지적인 모임을 어떻게 만들 수 있는지 설명해보면 좋을 것 같다. 우선은 각 사람이 아무 때나 최소의 비용으로 자기 주소와 전화번호를 컴퓨터에 입력하고서, 토론하고 싶은 책·논문·영화·기록물 등을 밝혀두는 것이다. 며칠 뒤 그는 최근에 같은 관심사를 갖게 된 사람들의 명단을 메일로 받게 될 것이고, 이 명단을 참조해 전화로 만남을 계획할 수 있다. 같은 주제에 관해 대화하기를 원한다는 정보만 가지고 다른 사람을 만나는 것이다.

특정 주제에 대한 관심 여부만으로 사람을 만나는 것은 원래 간단한 일이다. 이렇게 하면 어떤 책이나 기사를 함께 토론해보고 싶다는 희망에 근거해서만 상대를 판단할 수 있고, 만남의 주도권도 각 개인이 가질 수 있다. 그런데 이렇게 순수한 뼈대만 가진 만남에 대해서도 흔히 세 가지 반대 의견이 제기되곤 한다. 나는 이 반론들에 답함으로써 내 제안에 담긴 생각을 더 뚜렷이 밝힐 수 있을 것이다. 왜냐하면 이런 반론들이야말로 교육을 탈학교화하고 배움을 사회적 통제로부터 벗어나게 하는 것에 대한 뿌리 깊은 저항이 어디에서 연유하는지 보여주기 때문이다. 또한 이 반론들은 주어진 자원 가운데 현재 배움이라는 목적에 사용되지 않는 것을 발굴하는 데도 도움이 될 것이다.

첫 번째 반론은 각자가 가진 생각이나 관심사 역시 상대를 선택하는 기준으로 사용할 수 있지 않느냐는 것이다. 물론 그런 주제어를 컴퓨터에 입력할 수는 있을 것이다. 정당, 교회, 노조, 사교클럽, 주민센터, 직능단체가 이미 그런 방식으로 교육 모임을 조직하고 있고 학교처럼 활동하고 있는 것도 사실이다. 그들 모두가 사람들을 모아 특정 '주제'를 탐구하게 하고 있으며, '공통 관심사'라고 생각되는 것들을 패키지로 묶은 강의, 세미나, 교육과정을 통해 그런 주제들을 다루고 있다. 하지만 주제 중심의 이런 모임은 성격상 교사 중심적이 될 수밖에 없다. 즉 토론 참여자들에게 토론의 출발점을 정해주는 권위적 존재를 필요로 한다.

이와는 반대로 원래 형태 그대로 책, 영화 등의 제목만을 가지고 사람들이 만난다면, 주어진 문제나 사실을 다룰 언어, 용어, 틀은 원 저자에게 맡겨놓고 이 출발점을 받아들이는 사람들끼리 상대가 맞는지 서로 확인하기만 하면 된다. 가령 '문화대혁명'이라는 주제를 가지고 사람들이 만난다고 해보자. 대부분의 경우 소란이나 선동으로 모임이 끝날 것이다. 그와 달리 마오쩌둥, 마르쿠제, 프로이트, 폴 굿맨 같은 사람이 쓴 글을 서로 도와 이해하는 데 관심 있는 사람들이 만나는 것은 자유교양의 위대한 전통을 이어가는 일이다. 소크라테스가 말했다는 내용을 가지고 엮은 플라톤의 대화편이나 페트루스 롬바르두스에 대한 아퀴나스의 주석집이 그러하듯이 말이다. 따라서 제목만을 가지고 상대를 만난다는 아이디어는 가령 '고전읽기' 클럽이 가진 논리와는 근본적으로 다른 것이다. 즉 시카고대학교의 교수 몇 명이 뽑은 목록에 의존하는 대신 참여자들은 더 깊은 공부를 위해 어떤 책이라도 선택할 수 있을 것이다.

두 번째 반론은 토론 상대를 확인함에 있어 나이, 배경, 세계관, 능력, 경험 및 기타 특징에 대한 정보를 포함시키지 못할 이유가 무엇이냐는 것이다. 다시 말해서 이미 많은 대학에서 (장벽이 있든 없든) 제목에 따른 매칭을 기본적인 조직 방법으로 사용하고 있는데, 그중 일부에서 그런 차별적 제한을 두지 못하거나 두어서는 안 될 이유가 없다는 것이다. 그런 제도로는 다음과 같은 것을 들 수 있다. 어떤 책에 관심을 가진 사람들을 모이게 하기 위해 저자나 대변자를 초청하는 제도, 능력 있는 안내자의 참석을 보장하는 제도, 특정 학과나 학부에 적을 둔 학생들만 참여시키는 제도, 토론할 제목에 대해 특별한 견해를 가진 사람들에게만 모임을 개방하는 제도 등이 그런 것들이다. 이러한 제한을 두는 까닭은 특정한 학습 목표를 달성하는 데 유리한 점이 있어서일 것이다. 그러나 그보다 더 자주 볼 수 있는 진짜 이유는 사람들이 무지하다는 가정에서 나온 경멸감일 것이다. 내가 두려워하는 것은 이 부분이다. 즉 교육자들은 무지한 사람들이 이해하기 어려운 책자임에도 단지 그 책에 관심이 있다는 이유만으로 사람들이 모이는 것을 막고 싶어 한다.

세 번째 반론은 토론 상대를 찾는 사람들이 모임을 쉽게 가질수 있도록 모임 장소, 스케줄, 참여자 선별 및 보호 같은 부수적지원을 할 수 있지 않느냐는 것이다. 그러나 이것은 이미 학교가거대 관료기구의 특징인 완벽한 비효율성을 가지고 수행하고 있는 일이다. 반면에 토론 상대를 찾는 사람들끼리 알아서 모임을갖도록 주도권을 맡겨 놓는다면, 이제껏 아무도 교육에 어울린다고 생각지 않았던 조직체들이 그런 역할을 더 잘해낼지도 모른다. 나는 레스토랑 주인, 출판업자, 전화응대 서비스업자, 백화점 관리자, 심지어 통근열차 승무원들까지도 학습 모임을 갖기좋은 곳으로 자기들 서비스를 홍보할 거라 생각한다.

예를 들어 커피숍에서 처음 모임을 갖는다고 하자. 참여자들은 커피 잔 옆에 토론할 책을 놓아두는 식으로 서로를 확인할 것이다. 이처럼 그런 모임을 주도적으로 준비하는 사람은 자기가찾는 사람을 만나기 위해 어떤 표식을 이용할지를 금방 배울 것이다. 스스로 선택한 토론을 위해 한 사람 또는 여러 명의 낯선이를 만나는 것이 시간낭비, 실망, 심지어 불쾌감으로 끝날 위험도 있지만, 이것은 대학 신입생이 처하게 될 위험에 비하면 아무것도 아니다. 잡지에 실린 어떤 기사를 토론하기 위해 뉴욕 4번가 커피숍에서 열린 모임에서는 어느 참석자도 낯선 사람들 앞에 계속 앉아있기를 강요받지 않을 것이고, 그들 중 누군가를 꼭 다시 만날 의무도 없을 것이다. 그 기회는 현대 도시생활의 불투명성을 뚫고서 새로운 우정, 스스로 선택한 과제, 비판적 읽기를 한 걸음 높은 수준으로 올려줄 것이다. (이런 사적인 책읽기 모임이 FBI에게 탐지될 수 있다는 것을 부정하기는 어렵다. 이런 일은 이 시대를 사는 누구에게나 두려운 것이지만, 정탐꾼들을 아무 관련도 없는 정보들 속에 빠지게 하기 위해 기꺼이 자기 것을 내놓는 것도 자유인에게는 흥미진진한 일이 아닐 수 없다.)

모두에 의한, 모두를 위한 교육

기술 전수든 교육 당사자들끼리의 배움이든 이 둘은 공히 다음과 같은 가정, 곧 모두를 위한 교육은 모두에 의한 교육을 뜻한다는 가정에 토대를 두고 있다. 전 인구를 어떤 전문적인 제도에 징발하지 않고 스스로 움직이게 할 때만 모두의 문화란 것도 이뤄낼 수 있다. 그러나 모든 이에게 동등하게 주어진, 배우고 가르치는 능력을 발휘할 권리는 지금 공인된 교사들에게 독점되어 있다. 그렇게 되면 교사의 역량도 학교 안에서 할 수 있는 것으로 제한된다. 더 나아가서는 일과 여가도 서로 소외된, 교육과는 하등의 관계도 없는 것이 된다. 다시 말해서 참관자와 작업자가 아무런 차이 없이 모든 채비가 갖춰져 있는 작업장에 도착해서 미리 준비된 일과를 밟는 게 당연하게 되어버리는 것이다. 어떤 생산품의 디자인, 작동법, 광고 형태에 적응한다 함은 학교에 의한 공식 교육이 그러하듯이 그 목적에 맞추어 자신을 바꾼다는 것을 의미한다. 그러므로 학교화된 사회를 근본적으로 대체한다는 것은 또 하나의 새로운 공식적 메커니즘을 도입해 기술을 공식적으로 습득하고 그것을 교육적으로 활용하는 것이어서는 안 된다. 즉 탈학교 사회로 간다는 것은 우연적이고 비공식적인 교육을 새롭게 받아들이는 것이어야 한다는 얘기다.

우연한 교육이라고 해서 농촌이나 중세 마을에서 이루어졌던 배움으로 돌아가야 한다는 뜻은 아니다. 전통 사회는 여러 유의미한 구조들이 한 세트의 동심원을 이룬 모습과 비슷했던 반면, 현대인은 자신과 미약하게만 관계를 맺고 있는 많은 구조들 안에서 스스로 의미를 찾아내야 한다. 이를테면 전통 마을에서는 언어, 건축, 일, 종교, 가풍 등이 일치된 상태로 서로를 설명하거나 강화해주었고, 그 하나 안에서 커나간다는 것은 다른 것 안에서도 커나간다는 것을 의미했다. 심지어 전문 도제교육이란 것도 제화(製靴)나 노래 같은 전문적 활동을 하다보면 부산물처럼 자연히 얻게 되는 성과였다.[18] 따라서 견습생이 장인이나 학자

---

18 저자는 다른 책에서 그러한 사례로 16세기 제화 장인이자 노래 명인(마이스터징거)인 한스 작스(Hans Sachs)를 든다. 한스 작스의 예처럼 직공 길드와 예술가 길드는

지위에 오르지 못한다 해도, 여전히 그는 신발을 만들거나 교회 행사를 엄숙하게 만드는 데 기여할 수 있었다. 교육이 시간을 놓고 일이나 여가와 경쟁하는 일은 없었다. 대부분의 교육은 복잡한 방식으로 일생에 걸쳐 이루어졌으며 계획적이지도 않았다.

그와 달리 현대 사회는 의식적인 설계의 결과물이며, 교육 기회도 그 안에 짜여 있을 수밖에 없다. 그러나 이제 학교가 제공하는 특수한 전일제 교육에 대한 의존도는 감소하게 될 것이므로, 우리는 배우고 가르칠 수 있는 다른 방법들을 더 많이 찾아야 한다. 즉 모든 제도가 잠재적으로 내재하고 있는 교육적 자질들을 다시금 계발해야 한다. 그러나 이런 기대에는 양가적인 면이 있다. 이것은 현재 진보적인 학교들이 비록 흉내뿐일망정 학생들에게 최소한으로 제공하고 있는 비판적 독립성을 박탈함으로써 현대 도시인들을 점점 더 효율성 높은 총체적 교육과정 및 조작과정의 희생자로 만든다는 뜻일 수도 있다. 반대로 그것은 사람들이 더 이상 학교에서 취득한 자격증 뒤에 숨지 않고 '말대답'할 용기를 얻음으로써 자신이 몸담고 있는 제도를 스스로 통제하고 지휘한다는 뜻일 수도 있다. 후자를 위해 우리는 일과 여가의 사회적 가치를 다시 평가하는 법을 배워야 한다. 즉 그것들이 사람들의 교육적 나눔에 얼마나 많은 기회를 열어주느냐에

서로 중첩되기도 했고, 견습 중인 직공이 노래 실력으로 승진하는 일도 많았다. 바그너의 오페라 〈뉘른베르크의 명가수〉도 이런 상황을 배경으로 한 작품이다.

따라 그 가치를 평가해야 한다는 얘기다. 따라서 하나의 교육 제도로서 일과 여가를 평가하는 가장 좋은 척도는 그것이 길거리, 직장, 도서관, 뉴스프로그램, 병원 등에서 매일 벌어지는 정치에 얼마나 실질적인 역할을 하는가가 될 것이다.

나는 최근 강제적인 학년 진급에 반대하는 운동을 펼치고 있는 중학생 단체와 이야기를 나눈 적이 있다. 학생들이 슬로건으로 내세운 것은 "흉내 말고 참여를!"이었다. 학생들은 이 운동이 더 많은 교육이 아니라 더 적은 교육을 요구하는 주장으로 비치는 것에 대해 실망을 금치 못했다. 나는 그것을 보고 백여 년 전 카를 마르크스가 아동 노동의 금지를 요구하는 고타 강령의 한 조항에 반대했던 일이 떠올랐다. 그는 청소년 교육이 노동을 통해서만 가능하다는 점을 들어 그 조항에 반대했다. 인간 노동의 가장 위대한 과실이 노동에서 얻는 배움이고, 노동이야말로 타인을 가르칠 기회를 열어주는 활동이라고 한다면, 현대 사회가 교육에서 노동을 소외시킨 것은 경제적 소외보다 훨씬 나쁜 것이리라.

나에게는 시카고에 사는 흑인 친구가 한 명 있는데, 그는 참된 교육 사회로 가는 데 있어 가장 주된 장애요소는 "우리의 상상력이 완전히 학교화된 것"이라고 훌륭하게 정의했다. 우리는 국가가 그 시민들에 대해 보편교육이 부족하다고 진단하고 그것을 치료할 전문 기관을 설립하는 것을 방치해왔다. 그럼으로써 우리는 이전 세대가 무엇이 성스러운 것이고 세속적인 것인지 규정하는 법을 만든 것처럼, 사람들이 받아야 할 교육과 받지 않아도 되는 교육을 구별할 수 있다는 착각에 빠지게 되었다.

에밀 뒤르켐은 사회적 실재를 둘로 가르는 이런 능력이야말로 종교의 본질이라고 보았다. 그에 따르면, 초자연적인 존재나 신이 없는 종교는 있어도, 세계를 신성한 사물·시간·인간과 그밖의 세속적인 것들로 나누지 않는 종교는 없다고 한다. 뒤르켐의 관찰은 교육사회학에도 그대로 적용할 수 있다. 학교는 비슷한 방식으로 사회를 철저하게 둘로 나누기 때문이다.

의무적으로 다녀야 하는 학교가 존재한다는 사실 자체가 이미 사회를 두 영역으로 나누는 것이다. 특정 기간, 특정 과정, 특정한 치료, 특정 직업은 '아카데믹'하고 '교육적'이지만, 다른 것은 그렇지 않은 것이 되기 때문이다. 이처럼 사회적 실재를 양분하는 학교의 위력에는 한계가 없다. 교육은 비세속적인 것이 되는 반면, 세속의 것은 모두 비교육적인 것이 되고 마는 것이다.

본회퍼[19] 이래 현대 신학자들은 성서 메시지와 제도화된 종교 사이에 존재하는 오늘날의 혼란에 대해 자주 지적해왔다. 그들

---

19 Dietrich Bonhoeffer(1906~1945). 반나치 활동으로 처형된 독일 신학자. 본회퍼는 "나를 따르라"는 성서의 메시지대로 세속의 실천 가운데 신앙이 있음을 강조하며, 제도화된 종교가 속죄나 구원을 완성된 사실로 보는 데 반대하여 형성(*Gestaltung*)의 윤리를 주장했다.

은 그리스도교의 자유와 신앙이 오히려 세속화를 통해 확보되었다고 이야기한다. 이런 발언은 많은 신자들에게 신성모독적으로 들릴 수밖에 없다. 의심할 것도 없이 교육이라는 과정 또한 사회의 탈학교화로부터 확보될 수밖에 없다. 이런 요구가 많은 학교 신자들에게는 교육에 대한 반역처럼 들릴지라도 말이다. 그러나 지금 학교가 불어 꺼트리고 있는 것이야말로 교육이다.

그리스도교 신앙의 현세화는 교회에 뿌리를 둔 신자가 얼마나 그것을 위해 노력하느냐에 달려 있다. 마찬가지로 교육의 탈학교화도 학교에서 양육된 사람들의 손에 달려 있다. 학교교육만 받고 자랐다는 변명은 알리바이가 될 수 없다. 각자 할 수 있는 일이란 게 이러한 책임을 받아들이고 타인에 대한 경고 역할을 하는 것밖에 없을지라도, 현재의 우리 자신을 만든 것에 대한 책임은 여전히 우리에게 있다.

제2장

학교의 현상학

Phenomenology of School

우리가 쓰는 단어들 중에는 뜻이 너무 유동적이어서 쓸모가 없어진 것들이 있다. '학교'나 '가르침'(teaching)이라는 말이 그러하다. 이런 단어들은 언어에 약간의 빈틈이라도 생기면 마치 아메바처럼 거의 모든 곳에 끼어든다. 가령 ABM(탄도요격미사일)으로 러시아 사람들을 한번 가르쳐야 한다거나, IBM 컴퓨터로 흑인아이들을 가르칠 수 있다거나, 군대야말로 한 나라의 학교라고 말하는 경우가 그런 것들이다.

따라서 교육 분야의 대안들을 모색하려면 먼저 '학교'가 뜻하는 것을 합의하는 데서부터 시작해야 한다. 합의를 하는 데는 몇 가지 방법이 있을 것이다. 우선은 오늘날의 학교가 암묵적으로 수행하고 있는 보호구금, 선발, 교화, 학습 같은 기능을 하나하나

짚어보는 데서부터 시작할 수 있다. 우리는 고객 분석을 통해 이런 기능이 교사, 고용주, 아동, 부모, 전문가들 각각에게 어떤 도움을 주거나 해악을 끼치는지 확인할 수 있을 것이다. 또는 학교교육이 현재 수행하는 역할과 동일한 일을 한 제도를 찾아보기 위해 서양 문화사라든지 인류학이 수집한 정보들을 살펴볼 수도 있을 것이다. 마지막으로는 코메니우스[20]나 심지어 퀸틸리아누스[21] 시대 이래로 전해 내려오는 수많은 교육 규범들을 다시 소환하여 그 가운데 어떤 것이 현대 학교 체제와 가장 유사한지 알아볼 수도 있을 것이다. 하지만 어떤 접근법을 택한다 해도 학교와 교육의 관계에 대한 일정한 가정에서 출발하는 것은 피할 수 없다. 따라서 나는 이미 특정한 의미를 가진 교육이라는 말에 의지하지 않고 학교에 대해 말하기 위해서 '학교의 현상학'[22]이라고 부를 수 있는 것에서 시작하고자 한다. 이 목적을 위해 나는

---

20 Johann Amos Comenius(1592~1670). 보헤미아의 교육학자로 '근대 교육학의 아버지'로 불린다. 보통교육에 해당하는 교육 제도와 의무교육을 처음 구상했고, 유아기에서 성인기까지 이르는 단계적 교육과정을 개발하고 최초의 교과서를 쓰기도 했다. 세상 자체가 모든 이에게 학교 역할을 해야 한다는 학교 지상주의 철학을 담은 『대교수학』(大敎授學, *Magna Didactica*)으로 후대에 큰 영향을 미쳤다.
21 Marcus Fabius Quintilianus(35?~95?). 고대 로마 제정 초기의 웅변가이자 수사학자. 수사학 및 웅변술의 뛰어난 실천가였던 키케로에 견주어, 수사학의 이론과 실천을 교육 영역에서 집대성한 교육가이다.
22 현상학(Phenomenology)이란 현대철학의 한 조류이자 방법론으로, 어떤 전제나 선입견에서도 자유롭기 위해 마주치는 모든 현상에 대해 판단중지(*epoché*)하고 순수한 사태 자체(*Sache selbst*)에 집중하는 것을 말한다.

'학교'를 다음과 같은 과정, 곧 **특정 연령대**를 대상으로 **교사가** 관여하는 **전일제**의 강제적 교육과정으로 정의하고자 한다.

연령대

학교는 사람들을 연령에 따라 집단화한다. 이런 집단화는 의심하기 어려운 세 가지 전제에 근거하고 있다. 즉 아동이 학교에 속해 있고, 아동은 학교에서 배우며, 아동은 학교에서만 가르칠 수 있다고 하는 전제들이다. 나는 검증되지 않은 이 전제들에 대해 심각한 의문을 제기해야 한다고 생각한다.

우리는 아이들에 대해 익숙하다. 우리는 아이들이 반드시 학교에 가야 하고, 들은 대로 행해야 하며, 스스로 소득을 올리거나 가족을 꾸리지 못한 존재들이라고 규정한다. 우리는 아이들이 자기 위치를 알고 아이답게 행동하기를 기대한다. 물론 우리도 아이였던 시절에 대해 향수에 젖거나 아픈 기억을 떠올리곤 한다. 우리는 또 아이들의 유치한 행동을 관대하게 받아들일 것을 요구받는다. 우리가 볼 때 인류란 아이들을 보살피는 임무 때문에 괴로움을 겪기도 하고 축복을 받기도 하는 종(種)인 것이다. 그러나 우리가 잊고 있는 것이 있다. 즉 '아동기'라는 오늘날의 관념이 서구에서는 근래에 와서야, 그리고 미국에서는 더 최근에 와서야 발전한 개념이라는 것이다.[23]

유아기, 청년기, 성인기와 구분되는 시기로서 아동기는 역사 대부분의 기간 동안 알려져 있지 않았다. 그리스도교가 지배하던 몇 세기 동안에는 아이들의 신체 비례를 어른과 다르게 보는 시각조차 없었다. 예술가들은 아기를 어머니의 품에 안긴 축소된 성인으로 묘사했다. 유럽에서 '아동'이라는 존재가 출현한 것은 르네상스 시대에 이르러 회중시계가 발명되고 유대인 아닌 그리스도교인 금융업자가 등장했을 때부터다. 그럼에도 20세기 전까지는 부자건 빈민이건 아이들의 복장, 아이들의 놀이, 아이들에 대한 법적 면제에 대해 알지 못했다. 노동자의 아이도, 농민의 아이도, 귀족의 아이도 모두 자기 아버지처럼 옷을 입고, 아버지처럼 행동하고, 아버지처럼 교수형에 처해졌다. 그러다가 부르주아 계급이 '아동기'라는 것을 발견한 후 모든 것이 변했다. 가톨릭 같은 일부 교회만이 한동안 미성년의 존엄성과 성숙성을 계속 인정했다. 가령 1962년 제2차 바티칸공의회가 열리기 전까지만 해도 그리스도교인은 7살이 되면 도덕적 판단력과 자유를 가진 상태에 도달하고, 이후부터는 자신이 저지른 죄로 인해 지옥에서 영원히 사는 벌을 받을 수 있다고 아이들에게 가르쳤다. 20세기 중반에 와서야 중산층 부모들은 자녀들이 이런 교리에서 충격을 받지 않도록 지켜주기 시작했고, 그들의 아동관이 교

---

23 (원주) 근대 자본주의 역사와 아동 관념의 병행 발전에 관해서는 필립 아리에스 (Philippe Aries), 『아동의 탄생』(*Centuries of Childhood*, Knopf, 1962) 참고.

회 관습에도 널리 퍼지게 되었다.

19세기까지만 해도 중산층 부모의 '아동'은 가정교사나 사립학교의 도움을 일부 받으면서 가정에서 양육되었다. 이들 아동의 대량생산이 이루어지고 대중에게 널리 확대된 것은 오로지 산업사회의 발전 때문이다. 학교 제도 역시 아동의 생산이 그러하듯이 지극히 현대적인 현상이다.

오늘날에도 적지 않은 사람이 여전히 산업도시 바깥에 살고 있으며, 따라서 아동기를 겪지 않는다. 안데스 지역에 사는 아이들은 나이가 차서 '쓸모 있다'고 여겨지면 바로 땅을 갈기 시작하고, 그런 나이가 되기 전에도 양을 친다. 별 탈 없이 성장하면 이 아이들은 대략 11세 또는 12세에 쓸모 있는 존재가 된다. 최근에 나는 CIDOC의 야간 경비로 일하는 마르코스와 함께 이발소에서 일하는 그의 열한 살 먹은 아들에 대해 이야기를 나눈 적이 있다. 내가 스페인 말로 마르코스의 아들을 '니뇨'(사내아이)라고 부르자, 그는 순간 놀라더니 곧 가식 없는 미소를 지으며 "이반 선생님의 말씀이 맞는 것 같습니다"라고 답했다. 나는 바로 내 잘못을 깨닫고 죄책감을 갖지 않을 수 없었다. 내가 그런 말을 하기 전까지 마르코스는 자기 아이를 무엇보다 '아들'로 생각하고 있었는데, 내가 지각을 가진 두 사람 사이에 '아동'이라는 커튼을 친 셈이었다. 물론 내가 뉴욕 슬럼가에 사는 사람을 만나 그의 일하는 아들을 '아이'라고 부른다고 해서 그가 놀라는 일은 없을 것이다. 11세 아들을 '아이'로 대우하는 게 마땅하다고 생각하는 사람은 오히려 그렇게 대우하지 않는 것에 대해 분노를 느낄 것이다. 마르코스의 아들은 아동기라는 것에 대해 아무런 동경도 없는 반면, 뉴욕 사람의 아들은 그것을 박탈당했다고 느끼는 것이다.

이처럼 세상사람 중에는 자기 자식을 현대의 아동으로 만들기를 원치 않는 사람도 있고, 아동으로 대우하고 싶으나 그럴 수 없는 사람도 있다. 하지만 아동기를 보장받고 싶어 하는 상당수 사람에게도 아동이란 하나의 부담이 아닐 수 없다. 그들 가운데 많은 수가 아동기를 거치도록 강요받고 있고, 아이 역할을 하는 것에 전혀 행복을 느끼지 않기 때문이다. 아동기를 거쳐 성장한다 함은 자신에 대한 자각과 학령기 통과 사회가 부여하는 역할 사이에서 비인간적인 갈등의 과정을 겪어야 한다는 것을 뜻한다. 스티븐 디덜러스[24]나 알렉산더 포트노이[25]도 어린 시절을 즐기지 못했고, 내가 보기에는 우리들 대부분도 아이로 취급받는 것을 좋아하지 않는 듯하다.

만일 특정 연령대를 대상으로 교육을 강제하는 제도가 없다

---

24 제임스 조이스의 소설 『젊은 예술가의 초상』의 주인공. 예술가가 되려는 꿈을 방해하는 부모와 교회 때문에 갈등하는 인물이다.
25 필립 로스의 소설 『포트노이 씨의 불만』의 주인공. 완벽주의자인 어머니에게 꼼짝 못하고, 이성을 제대로 대할 줄도 모르며, 종종 감상적인 자기 연민에 빠지곤 하는 미성숙한 인물로 나온다.

면 '아동기'라는 말을 쓸 이유도 없을 것이다. 잘 사는 나라의 청소년들은 이 제도의 폐해에서 벗어날 수 있을 것이고, 가난한 나라들은 잘 사는 나라의 이런 유치한 제도를 따라잡겠다는 생각을 버릴 것이다. 사회가 성장해 아동기 상태에서 벗어나고자 한다면, 그 사회는 먼저 청소년들에게 살 만한 곳이 되어야 한다. 인간적인 체하는 성인 사회와, 현실을 거짓 포장하는 학교 환경 사이의 괴리 상태는 더 이상 유지될 수 없다.

국교가 되어버린 학교 제도가 폐지되면 소년기와 청소년기 아이들을 유아, 성인, 노인에 비해 우대하는 현재의 차별도 종식될 것이다. 출생 때부터 4살까지의 비상한 학습 능력을 이미 잃어버리고 스스로 동기 부여된 학습 의지를 아직 충분히 갖지 못한 시민에게 교육 자원을 유리하게 배분하는 사회적 결정은, 나중에 돌이켜보면 아마도 매우 기묘하게 보일 것이다.

제도적 통념은 말하기를, 아이들이야말로 학교가 필요한 존재들이라고 한다. 그러나 이러한 통념 자체가 사실은 학교의 산물이다. 왜냐하면 학교가 마음대로 가르칠 수 있는 대상은 오로지 아이들밖에 없다는 게 오히려 더 올바른 상식이기 때문이다. 아이들을 학교교사의 권위에 굴복시키기 위해서는 먼저 인간 존재를 아동기라는 범주로 구분할 필요가 있었던 것이다.

교사와 학생

아동은 늘 '학생'으로 정의된다. 아동기라는 환경에 대한 수요가 자격증 가진 교사들에게 무제한의 시장을 열어주고 있는 셈이다. 또한 학교는 가르침을 통해서만 배움이 가능하다고 하는 공리 위에 세워진 기관이다. 그것을 반박하는 증거가 무수히 존재함에도 제도적 통념은 이 공리를 여전히 받아들이고 있다.

하지만 우리가 아는 대부분의 것들은 죄다 학교 밖에서 배운 것이다. 학생은 교사 없이도, 그리고 교사가 있을 때조차도 스스로 대부분의 것들을 학습한다. 가장 비극적인 것은, 대다수 사람들이 전혀 학교에 가지 않음에도 학교에 의해 뭔가 가르침을 받는다는 사실이다.

사람들이 어떻게 살아야 하는지 배우는 곳은 학교 밖이다. 우리는 교사의 개입 없이 말하고 생각하고 사랑하고 느끼고 놀고 욕하고 정치하고 일하는 것을 배운다. 밤낮으로 교사의 보살핌을 받는 아이들도 예외가 아니다. 고아도 바보도 교사의 자녀도 그들을 위해 짜놓은 '교육적'이라고 하는 과정 바깥에서 자기들이 아는 거의 모든 것을 배운다. 교사들은 가난한 이들의 배움을 증진시키려고 시도해왔지만 보잘것없는 성과밖에 올린 게 없다. 가난한 부모들이 자녀를 학교에 보내려고 하는 이유도 아이들이 뭔가를 배울 거라고 기대해서라기보다는 아이들이 얻을 졸업장이나 수입 때문이다. 반면 중산층 부모들은 자기 아이들을 철저히 교사의 보살핌 아래 둠으로써 가난한 아이들이 거리에서 배우는 것을 배우지 못하게 하려는 의도가 크다. 아이들이 교사에게서 배운 것처럼 보이는 것들 대부분이 사실은 또래 집단, 만화, 우연한 관찰, 그리고 학교 의례에 단순 참가하는 데서 배운 것임을 많은 교육 연구들이 입증하고 있다. 교사들이 오히려 학교에서 진행되는 교과 학습에 방해가 되는 경우도 매우 흔하다.

이 세계 절반의 사람은 학교에 발을 들여놓은 적이 없다. 교사를 대면한 적도 없고, 중퇴를 선택할 특권조차 누려본 적이 없다. 그러나 그들도 실제로는 학교가 가르치는 메시지를 매일같이 배우고 있다. 즉 그들 역시 학교에 다녀야 하고, 그들이야말로 더더욱 학교에 다녀야 한다는 메시지다. 학교는 그들로부터 세금을 거둬 학교에 주는 세무당국을 통해, 또는 학교에 대한 기대를 부추기는 선동가를 통해, 또는 학교에 이미 낚여 있는 그들의 아이들을 통해, 그들 스스로 열등감을 갖도록 가르친다. 학교를 통해서만 구원을 받을 수 있다는 믿음에 가난한 이들을 굴복시킴으로써 자긍심을 잃게 하고 있는 것이다. 교회가 최소한 죽음을 맞이할 때만큼은 회개의 기회를 주는 데 반해, 학교가 그들에게 주는 것은 손자 대에 가면 구원을 얻을 것이라는 기대(가짜 희망)뿐이다. 물론 그 기대조차도 학교에 대한 것이지 교사에 대한 것은 아니다.

자기가 배운 것 대부분이 교사 덕분이라고 믿는 학생은 없다. 똑똑한 학생, 우둔한 학생 모두 교사보다는 암기, 독서, 요령에 의존해서 시험을 통과하고, 회초리나 좋은 직업이라는 당근에서 동기를 부여받는 점에서는 동일하다. 그럼에도 성인들은 자신의 학창시절을 낭만적으로 보는 경향이 있다. 그 시절을 돌이켜 보면서 자신의 배움을 교사의 공으로 돌리거나 교사의 인내심을 찬양한다. 그러나 그런 성인들도 아이가 집에 뛰어 들어와 선생들한테서 하루 종일 무엇을 배웠는지 하나하나 늘어놓는다면 자기 아이의 정신 건강에 대해 심각하게 걱정할 것이다.

아이들이 학교교사로부터 무엇을 배우든 간에 학교는 학교교사에게 직업을 만들어준다.

전일제 수업

매달 나는 미국의 일부 산업계가 국제개발처(AID)에 제출한 제안들의 목록을 보곤 한다. 라틴아메리카에 '현장 교사'가 부족하다고 하니, 훈련받은 시스템 관리자나 간단하게 TV로 그들을 대신하게 하자는 따위의 제안들이다. 미국에서는 교육을, 교육 연구자, 교육 설계자, 기술자들이 팀을 이루어 수행하는 사업으로 생각한다. 그러나 교사가 잔소리꾼 여교사이든 흰 가운 입은 사람들로 구성된 팀이든 관계없이, 그리고 그들이 카탈로그에 실린 과목을 가르치는 데 유능하든 무능하든 관계없이, 직업 교사들은 그들이 가르치는 곳을 금단의 신성한 구역으로 만드는 경향이 있다.

전문 교육의 미래가 불확실하다는 점도 교실을 위태롭게 만드는 요소다. 교육 전문가들이 정말로 배움을 증진시키는 데 전념하려면, 연간 750~1,000회의 수업을 담당하는 시스템을 포기해야 한다. 그러나 교사들은 이미 그보다 훨씬 많은 수업을 맡고 있다. 상황이 이러함에도 학부모, 학생, 교육가들은 교사가 제대로 가르치기를 원한다면 신성한 구역 내에서 마음껏 권한을 행사할 수 있게 해줘야 한다는 말을 듣는다. 이것은 벽 없는 교실에서 학생들을 맡아 대부분의 시간을 학교 수업처럼 보내게 하는 전문가들에 대한 이야기이기도 하다.

바로 이런 특성 때문에 학교는 구성원의 시간과 에너지를 전적으로 요구하는 경향이 있으며, 교사가 결국 보호자, 설교사, 치료사의 역할을 맡게 되는 이유도 여기에 있다.

이 세 가지 역할에 대해 교사는 각기 다른 근거로 그 역할을 맡을 권한을 주장한다. 첫째, **보호자로서의 교사**는 의례의 주관자로 활동하면서 학생들을 미로처럼 복잡한 장기간의 의례를 통과하도록 이끈다. 규칙을 준수하도록 중재하고, 삶에 입문하는 데 필요한 복잡한 지침들을 관장한다. 최상의 경우, 그는 학교교사들이 늘 해온 것처럼 어떤 기술을 습득할 수 있는 발판을 마련해주기는 한다. 심오한 배움을 전수한다는 환상 없이 학생들에게 몇 가지 기본적인 일상을 연습시킬 수는 있다.

도덕가로서의 교사는 부모, 신, 국가를 대신한다. 그는 학교 안에서만이 아니라 사회 전체에 있어 무엇이 옳고 그른지를 학생들에게 주입한다. 부모의 역할을 대신 맡고서 모두가 같은 국가의 아이들임을 믿게 한다.

치료사로서의 교사는 학생이 한 인격체로 성장하도록 돕기 위해 학생의 개인 생활을 속속들이 들춰볼 권한이 자신에게 있다고 여긴다. 이런 기능이 보호자이자 도덕가인 교사에 의해 수행되면, 그것은 대개 학생을 복종시켜서 진실을 보는 눈과 올바름을 분간하는 감각을 길들인다는 것을 의미할 때가 많다.

따라서 자유로운 사회가 오늘날의 학교교육을 기반으로 하여 세워질 수 있다는 주장은 모순된 얘기다. 개인의 자유를 지켜줄 안전장치가 학생을 다루는 교사에게 전혀 없기 때문이다. 학교교사가 판사, 이념가, 의사의 기능을 한 몸에 갖게 되면, 사회의 기본 스타일은 삶을 준비해야 할 바로 그 과정에 의해 왜곡될 수밖에 없다. 이 세 가지 권한을 한 손에 쥔 교사는 법적 소수 내지 경제적 소수를 만들어내는 법률이나 집회 및 거주의 자유를 제한하는 법률보다 더욱더 아동을 뒤틀리게 할 수 있다.

물론 교사만이 유일하게 치료를 제공하는 전문가는 아니다. 정신과의사, 진로상담사, 직업상담사, 심지어 변호사도 고객으로 하여금 결단을 내리고 자신의 인격을 계발하고 배움을 얻을 수 있도록 돕는다. 그러나 이들 전문가가 무엇이 옳고 그른지에 대한 자신의 의견을 고객에게 강제하거나 조언을 따르도록 강요할 수 없다는 것은 상식이다. 반면에 학교교사와 목사는 한 자리에 잡혀있는 청중에게 설교를 하는 동시에 고객의 사적인 일들을 엿볼 자격이 있다고 생각하는 유일한 전문가들이다.

아이들은 세속의 목사인 교사 앞에서는 미국 수정헌법 1조나 5조[26]에 의한 보호도 받지 못한다. 아이들은 세 가지 권위가 한 사람에게 통합되어 있음을 상징하는 교황의 삼중관(三重冠)[27]처럼 눈에 보이지 않는 삼중관을 쓴 사람과 대면해야 한다. 교사는 아이들에 대해 목사, 예언자, 신부로서 설교한다. 동시에 그는 안내자, 교사, 신성한 의식의 집전자이기도 하다. 이러한 권한들이 하나의 강제적인 국교 제도—그것이 교회이든 국가이든—에 의해 수행되어서는 안 된다고 약속한 사회에서, 교사는 여전히 중세 교황의 권한을 한 몸에 지니고 있는 존재이다.

아동을 전일제 수업을 받아야 할 학생으로 규정함으로써 교사는 다른 사회적 격리 장소의 관리자들이 가진 권력보다 헌법

---

26 미국 수정헌법 제1조는 종교 및 표현의 자유, 제5조는 자신에게 불리한 증언을 하지 않을 권리를 규정하고 있다.

27 *Tiara.* 3개의 왕관을 쌓은 형태의 관으로, 교황에게 성사를 집전할 신품권, 신앙과 도덕에 관한 가르침을 펼 교도권, 교회를 통치할 법적 권리가 있음을 상징한다. 1978년 요한바오로 1세에 의해 폐지되었다.

이나 관습법상의 제약을 훨씬 덜 받는 권력을 학생에게 행사한다. 아이들은 단지 어리다는 이유만으로 정신병원, 수도원, 감옥과 같은 현대의 구금시설에서 관행적으로 보장하는 보호조치마저 박탈당하고 있다.

교사의 권위적 시각에서는 서로 다른 가치의 질서도 하나로 뒤섞이고 만다. 도덕적 가치, 법적 가치, 개인적 가치 사이의 구별이 모호해지고 마침내 소멸된다. 이렇게 되면 한 가지 가치만 어겨도 중복된 위반을 한 것이 된다. 위반자는 규칙 하나를 어긴 것만으로도 비도덕적인 행위를 한 것처럼 취급받고 자신에게 실망해야 하는 것이다. 시험을 보면서 커닝 등 교묘한 도움을 얻은 학생은 규칙 위반을 넘어 도덕적으로 타락하고 인격적으로 무가치한 사람이라는 소리를 듣는다.

학교 수업을 받는다는 것은 일상 세계로부터 격리되어 원시적이고 마술적이며 치명적인 환경으로 내몰린다는 것을 의미한다. 만일 학교가 젊은이들을 신성한 구역에 수년 동안 계속 강제유폐하지 못한다면, 일상적 현실의 규범들이 정지된 별세계를 만들 수도 없을 것이다. 전일제 수업이라는 제도 덕분에 교실은 마법의 자궁으로 기능할 수 있게 되었다. 아이들은 성인의 삶으로 마지막 추방되기 전까지 한 주 수업이 끝나거나 학기가 끝날 때마다 규칙적으로 자궁에서 방출되곤 한다. 학교가 없다면 이토록 보편화된 장기간의 아동기라는 것도 있을 수 없고, 숨 막히는 교실의 분위기도 존재할 수 없을 것이다.

그러나 학교는 이제 배움을 강제할 수 있는 유일한 통로가 되었기에 아동기나 교실 같은 감금 장치 없이도 능력을 발휘할 수 있게 되었고, 우리가 아는 그 어떤 곳보다 더 억압적이고 파괴적인 곳이 되었다. 다시 말해서 단순히 국교화된 교육 체제를 개혁하는 데 그치지 않고 사회 자체를 탈학교화해야 한다는 말의 의미를 이해하기 위해서는 학교의 숨은 교육과정에 주목해야 한다는 얘기다. 여기서 우리는 가난한 이들을 빈민으로 낙인찍는 슬럼가의 숨은 교육과정이나, 부자들만 그 혜택을 보는 응접실의 숨은 교육과정을 직접 다루려는 것이 아니다. 그보다는 의례화되고 공식화된 학교교육 자체가 사회 전반의 숨은 교육과정을 구성한다는 점에 주의를 기울여야 한다는 것이다.

아무리 훌륭한 교사라도 그런 교육과정으로부터 학생을 완벽하게 보호할 수는 없다. 아니나 다를까 이 숨겨진 학교교육 과정은 이미 사회적으로 차별받고 있는 일부 구성원에 대해서는 편견을 더하거나 죄과를 묻는 한편, 다른 이들이 누리는 특권에 대해서는 그것을 감추는 새 이름을 붙여준다. 나아가 이 숨은 교육과정은 부자와 빈자 모두를 성장 중심의 소비사회에 입회시키는 의식으로 기능한다.

제3장

진보라는 이름의 의례

Ritualizaton of Progress

대학 졸업자들은 세계의 부유한 이들 가운데서 학교에 특별히 선발 징집된 사람들이다. 미국의 대학 졸업자들이 아무리 제3세계와의 연대를 주장한다 해도, 그들이 인류 절반을 점하는 중위소득 생활자보다 5배나 더 비용이 드는 교육을 받아왔다는 사실은 달라지지 않는다. 심지어 라틴아메리카의 대학생은 중위소득의 동료 시민에게 지출되는 공교육비의 최소 350배에 이르는 공적 자금을 쓰고 이런 회원제 클럽에 들어간다. 이들 가난한 나라의 대학 졸업자들은 거의 예외 없이, 학교 교육을 받지 않은 그의 동포들보다 북아메리카와 유럽의 동료들을 더 친근하게 여긴다. 모든 대학생들이 교육 기계가 만든 생산품을 함께 소비해온 동료소비자 집단 안에서만 행복을 느끼도록 학문적으로 가공되고 있는 것이다.

오늘날의 대학은 장래에 재산가나 권력자가 될 사람으로 감별, 분류된 이들에게만 반대 의견을 말할 특권을 준다. 그와 동시에 자신의 성취를 입증할 수 없는 사람에게는 스스로를 교육하는 데 쓸 세금이나 다른 사람을 가르칠 권리조차 주지 않는다. 학교는 앞으로 이어질 후속 단계를 위하여, 기성 질서에 대한 위협이 되지 않는다는 것을 입증한 사람들을 게임 초기단계에서부터 선발한다. 학습에 쓸 자원과 사회적 역할의 수여라는 양면을 독점한 대학은 심지어 모험가나 잠재적 반대자까지 미리 선발한다. 이런 과정을 통해 주어진 학위는 그 소비자의 이력에 지워지지 않는 가격표로 영영 남게 되는데, 학위를 가진 대학 졸업자는 이마에 가격표를 붙이고 다니는 이 세계에 꼭 맞는 사람들이다. 그들은 그런 가격표를 가진 덕분에 사회의 기대 수준을 정의할 수 있는 권한을 부여받는다. 다시 말해서 각 나라에서 대학 졸업자의 소비 수준은 다른 사람들의 소비 수준을 평가하는 기준이 되는 것이다. 따라서 직업 여하에 관계없이 교양 있는 시민이 되고자 하는 사람은 대학 졸업자의 생활양식을 동경하지 않을 수 없다.

이처럼 대학은 직장과 가정의 소비 기준을 강제하는 효과를 가진다. 이런 현상은 세계 어느 곳, 어떤 정치체제 하에서도 마찬가지이다. 한 나라의 대학 졸업자 수가 적으면 적을수록 이들의 세련된 수요는 나머지 사람들에게 본보기가 된다. 그런데 대학 졸업자와 평균적 시민 사이의 격차는 미국에서보다 오히려 러시아, 중국, 알제리에서 더욱 크다. 사회주의 국가에서는 자동차, 항공여행, 휴대용 녹음기가 더 뚜렷한 차이를 만들어주는데, 이것들은 돈뿐 아니라 학위가 있어야만 확보할 수 있는 것들이기 때문이다.

대학의 어제와 오늘

대학이 소비자의 목표를 결정할 능력을 갖게 된 것은 최근의 현상이다. 많은 나라에서 공교육의 평등한 분배라는 환상이 퍼지기 시작한 1960년대부터 대학은 이러한 권력을 얻기 시작했다. 그 이전의 대학은 무엇보다 표현의 자유를 지켜주는 곳이었지, 대학이 가진 지식을 자동적으로 부(富)로 바꿔주는 곳은 아니었다. 중세에 학자가 된다는 것은 가난해지는 것, 심지어 거지가 되는 것을 뜻했다. 그럼에도 자신의 소명에 따라 중세 학자는 라틴어를 배웠고, 농민, 귀족, 시민, 관료에게서 존경과 함께 멸시를 받는 아웃사이더로 살았다. 그래서 학자가 사회적으로 출세하려면 먼저 공적인 업무에 종사해야 했고, 특히 교회에 소속되어야 했다. 과거의 대학은 새로운 생각과 낡은 생각 모두를 발견하고 토론하기 위한 해방구 역할을 했다. 교수와 학생은 오래

전에 죽은 다른 교수의 책을 읽기 위해 모였고, 여전히 살아있는 옛 스승의 말은 현 시대의 오류를 새롭게 조감할 수 있게 해주었다. 따라서 당시의 대학은 학문 탐구와 불온한 사상의 온상 역할을 했다.

현대의 종합대학교에서 이런 공동체는 구석으로 밀려난 지 오래이며, 그것을 찾으려면 길거리나 교수연구실이나 목사관에 가봐야 한다. 현대의 대학이 세우고 있는 조직 목표는 전통적인 학문 탐구와는 거의 관계가 없는 것들이다. 구텐베르크 이후 잘 훈련된 비판적 연구 활동은 '강좌'에서 인쇄물로 옮겨갔다. 현대의 대학은 예전의 대학이 했던 역할, 곧 자율적이고 무정부적이며 초점은 있지만 계획되지 않은 활기찬 만남을 제공하는 대신, 이른바 '연구 및 교육'이라는 것을 생산 관리하는 쪽을 택했다. 소련이 최초의 인공위성 스푸트니크를 발사한 이래 미국 대학들은 소련의 대학 졸업자 수를 따라잡으려고 노력해왔다. 지금은 독일이 다시 그 대학 전통을 포기하고 미국을 따라잡기 위해 많은 대학을 세우고 있다. 최근 10년 사이에 독일은 중고등학교를 위한 지출을 140억 마르크에서 590억 마르크로[28] 증액하고 있으며, 대학 교육을 위한 지출도 3배 이상 늘리려고 한다. 프랑스는 향후 10년 안에 학교에 대한 지출을 국민총생산의 10퍼센트

---

28 이 책이 나온 1970년대 초의 환율로는 각각 38억 달러와 160억 달러에 해당.

까지 높일 계획이고, 포드재단은 라틴아메리카의 가난한 나라들에게 '남부끄럽지 않은' 대학 졸업자 1인에 소요되는 비용을 북아메리카 수준까지 높여 잡도록 채근하고 있다. 대학생들은 자신들이 하는 공부를 최대의 금전적 반대급부를 얻을 수 있는 투자로 생각하며, 국가는 그들을 국가 발전의 중요한 요소로 본다.

대학 학위를 최우선으로 추구하는 주류 계층에게 대학은 아직 그 권위를 상실하지 않았지만, 1968년의 저항운동 이후 대학은 그 신도들 사이에서 눈에 띄게 위상을 잃어버렸다. 학생들은 전쟁 준비, 환경오염, 편견의 고착에 대해 저항하고 있다. 교수들 역시 학생들이 정부의 정통성, 외교 정책, 교육, 미국적 생활양식에 도전하는 것을 돕고 있다. 적지 않은 사람들이 학위를 거부하고 자격증 사회 바깥에서 일종의 대항문화를 일구며 살고자 한다. 이들은 당대의 히피들이자 이탈자들이었던 중세의 탁발승들이나 교회 개혁을 선도한 영성가들의 길을 선택한 것처럼 보이기도 한다. 또 어떤 이들은 학교가 대항사회 구축에 필요한 자원을 독점하고 있다는 사실을 깨닫고, 학교 의례에 복종하는 대신 서로를 지원하여 진실된 삶을 살아가려 한다. 말하자면 위계질서의 한복판에서 이교의 온상을 구축해가고 있는 것이다.

그러나 대다수 일반인들은 이런 현대의 신비주의자들이나 이단자들을 경계한다. 이들이 미국의 소비경제, 민주적 특권, 자아상 등을 위협하기 때문이다. 하지만 그들은 쉽게 사라지지 않을 것이다. 아무리 인내심을 갖고 대하고, 그들 스스로 이단을 가르치게 하는 식의 교묘한 방식으로 포섭을 한다 해도, 다시 개종을 하는 사람은 극히 드물 것이다. 따라서 반체제적인 개인들을 제거하거나 저항의 온상이 된 대학의 중요성을 감소시킬 수 있는 다른 수단이 모색되고 있는 중이다.

대학의 사회적 적법성에 의문을 제기하는 학생들과 교수들은 상당한 개인적 희생을 감수하면서 그렇게 하고 있지만, 그들이 소비 기준을 정하고 있다거나 생산 체제를 강화하고 있다고 생각하지는 않는 듯하다. 물론 '아시아를 우려하는 학자 위원회'(Committee of Concerned Asian Scholars, CCAS)나 '북미 라틴아메리카회의'(North American Congress on Latin America, NACLA) 같은 단체를 결성한 사람들은 수백만의 젊은이들에게 외국의 현실에 대한 인식을 근본적으로 바꾸도록 하는 데 지대한 영향을 미쳐 왔다. 또 다른 이들은 미국 사회를 마르크스주의적 시각으로 해석하려고 시도하거나 자치 코뮌의 싹을 틔우는 데 힘을 기울여 왔다. 이들의 성과는 사회에 대한 비판적 시각을 유지하는 데 대학의 존재가 필수적이라는 주장에 새로운 힘을 실어주고 있다.

이처럼 현재의 대학이 그 구성원 일부에게 사회 전반을 비판하도록 해주는 특별한 환경을 제공하고 있다는 데는 의문의 여지가 없다. 하지만 대학이 시간, 기동성, 동료와 정보에 대한 접근성, 일정한 면책특권 등을 제공하고 있다 해도, 이런 혜택이 대학 바깥의 사람들에게까지 동등하게 주어지는 것은 아니다. 오히려 대학은 이런 자유를 소비 사회에 이미 깊숙이 들어가 있는 사람, 강제적 학교교육의 필요성에 이미 젖어 있는 사람에게만 제공하고 있다.

오늘날의 학교 체제는 역사상 가장 강력한 힘을 발휘했던 교회들이 공통적으로 가졌던 삼중의 기능을 수행하고 있다. 첫째는 사회적 신화의 저장고라는 기능, 둘째는 그 신화의 모순을 제도화하는 기능, 셋째는 신화와 현실 사이의 괴리를 재생산하고 은폐하는 의례의 장소로서의 기능이다. 심지어 오늘날의 학교 체제, 특히 대학은 이런 신화를 비판하고 그 제도적 오용에 저항하는 기회까지 넉넉히 제공하고 있다. 그러나 신화와 제도 사이의 근본적 모순을 참고 받아들이게 하는 의례 기능은 여전히 별다른 도전을 받지 않는 듯하다. 이데올로기 비판이나 사회적 행동만으로는 새로운 사회를 만들 수 없기에 하는 말이다. 사회의 가장 중심에 있는 의례의 미혹에서 깨어나 그것을 떨쳐버리고 그 의례를 개혁할 때만이 근본적 변화를 일으킬 수 있다.

미국 대학은 우리가 아는 가장 포괄적인 입회 의식의 마지막 단계로 기능하고 있다. 의례나 신화 없이 존재했던 사회는 역사적으로 하나도 없지만, 그 신화에 대한 입회가 이 사회처럼 어리석고 장기적이며 파괴적이고 값비싼 경우는 처음이다. 또 지금의 세계 문명은 그 기본적인 입회 의식을 '교육'이라는 이름으로 합리화할 필요가 있음을 발견한 최초의 문명이기도 하다. 따라서 우리가 교육 개혁을 시작할 수 있으려면, 개인의 학습이나 사회적 평등이 학교교육이라는 의례에 의해서는 결코 향상될 수 없다는 점을 먼저 이해하지 않으면 안 된다. 또한 학교가 무엇을 가르치든 강제적인 학교교육이 필연적으로 소비 사회를 재생산한다는 사실을 우리가 이해하지 못한다면, 그 소비 사회는 극복할 수 없을 것이다.

내가 제안하는 신화 탈피 프로젝트는 대학에 한정된 것이 아니다. 대학을 한 부분으로 포함하는 그 체제에 주목하지 않고 대학만을 개혁하려는 시도는 뉴욕의 도시재생 사업을 12층 이상부터 시작하려는 것과 같다. 이런 점에서 최근 대학 차원에서 벌어지고 있는 대부분의 개혁 움직임은 고층 슬럼을 건설하려는 것처럼 보인다. 아마도 강제적 학교교육을 받지 않고 자란 세대가 나와야만 대학도 되살릴 수 있을 것이다.

제도화된 가치만이 가치라는 신화

학교는 끝없는 소비가 가능하다는 신화를 지어내는 곳이다. 이 현대의 신화는 생산 과정이 있으면 필연적으로 가치 있는 무언가가 생산되게끔 되어 있고, 생산이 있으면 반드시 수요도 생긴다는 믿음에 근거한 것이다. 마찬가지로 학교는 가르침이 배움을 낳는다고 우리에게 가르친다. 학교의 존재 자체가 교육에 대한 수요를 생산한다는 것이다. 이처럼 일단 우리가 학교의 필요성에 대해 배우게 되면, 우리의 모든 활동은 고객이 다른 전문화된 제도에 대해 맺는 관계와 비슷한 형태를 띠게 된다. 독학으로 배운 사람이 믿음을 주지 못하면, 그의 모든 비전문적 활동이 의심을 받는 것과 같다. 우리는 학교에서도 같은 가르침을 받는다. 가치 있는 배움은 수업을 통해서만 얻을 수 있고, 배움의 가치는 투입량에 따라 높아지며, 마지막으로 이 가치는 성적으로 측정되고 졸업장으로 문서화된다는 가르침이다.

사실 배움이란 것은 타인의 조작을 거칠 필요가 거의 없는 인간 활동이다. 모든 배움이 가르침의 결과는 아니다. 오히려 그것은 타인의 개입 없이 의미 있는 상황에 참여하는 데서 얻는 결과이다. 대부분의 사람은 '참여'에 의해 가장 잘 배운다. 그러나 학교는 개인의 인격이나 인지력 향상이 학교가 정교하게 계획한 방법이나 수단에 의한 것이라고 믿게 한다.

일단 학교의 필요성을 받아들이면, 그런 사람은 다른 제도의 포로가 되기도 쉽다. 청소년들이 교과과정으로 짜인 가르침에 맞춰 자신의 상상력을 형성하기 시작하면, 그들은 모든 종류의 제도적 기획에도 쉽게 길들여진다. 계획된 가르침은 이처럼 상상력의 지평을 질식시킨다. 그들은 희망 대신 기대를[29] 갖도록 배우기 때문에, 희망이 배신당하는 줄도 모르고 단기적 변화에

만족한다. 그들은 좋은 쪽이든 나쁜 쪽이든 더 이상 타인에 대해 놀라는 일도 없다. 왜냐하면 그들은 가르친 바대로 아는 사람들로부터 무엇을 기대해야 하는지 배우기 때문이다. 타인들도 기계도 이 점에서는 같다.

이처럼 자기로부터 제도로 책임이 이전되고 특히 그것이 하나의 강제로 받아들여지면, 사회는 퇴행을 피할 수 없다. 그래서 '어머니의 품'[30]에 대한 반항자들은 자신의 개인적 가르침으로 다른 이들을 전염시키고 그 결과를 책임지는 용자로 커나가는 대신, 종종 그 제도의 교수진으로 키워지곤 한다. 또 하나의 오이디푸스 이야기가 탄생하는 것이다. 즉 교사 오이디푸스는 자기를 낳은 어머니 제도와 '관계'함으로써 그 어머니와의 사이에서 새로운 아이들을 낳는다. 이처럼 가르침을 받는 데 중독된 남자는 강제적 가르침 속에서만 안정감을 느끼며, 앎이란 것을 어떤 과정의 결과로 믿는 여자는 그 앎을 다른 사람에게서도 재생산하고 싶어 한다.

---

29 저자는 미래에 대한 태도를 프로메테우스적인 '기대'(expectation)와 에피메테우스적인 '희망'(hope)으로 구별한다. 신들로부터 불을 훔쳐 인간에게 전한 프로메테우스는 과학적 합리성에 의해 미래(*pro-*)를 계획할 수 있다고 믿는 진보적 태도를 상징하는 데 비해, 그의 동생이자 인류에 갖가지 재앙을 퍼뜨린 판도라의 남편 에피메테우스는 끊임없이 뒤를(*epi-*) 돌아보는 지혜로움으로 희망을 발견하는 반성적 태도를 보여준다는 것이다.(이 책 7장 참조)

30 *Alma Mater*. '알마 마테르'는 라틴어 그대로는 '어머니의 품'을 뜻하지만, 젖먹이로 비유되는 신자들을 보호, 양육하는 '어머니 교회'를 가리키는 표현으로 쓰였다. 저자는 근대 국민국가의 교육 제도가 이런 중세 교회와 같은 역할을 하고 있다고 본다.

측정될 수 있는 것만이 가치라는 신화

학교가 주입하는 제도화된 가치는 수량화된 가치이다. 학교는 모든 것이 측정되는 세계, 즉 우리의 상상력은 물론이고 인간 자체까지 측정할 수 있는 세계로 젊은이들을 끌어들인다.

그러나 개인의 성장이란 측정할 수 있는 것이 아니다. 그것은 훈련된 상이성을 키우는 과정으로, 어떤 척도나 교과과정으로도 측정할 수 없고 타인의 성취와도 비교할 수 없는 것이다. 그러한 배움에서는 오로지 타인의 상상력 넘치는 시도만을 본받을 수 있을 뿐이고, 그들의 걸음걸이를 흉내 내기보다는 그 발자취를 따르는 것만이 가능하다. 나는 이런 측정할 수 없는 재창조만이 진정한 배움이라 본다.

반면에 학교는 배움을 교과별로 세분화하고, 이런 조립식 블록들로 이루어진 교과과정을 학생에게 짜 넣은 다음, 그 결과를 국제적인 척도로 측정할 수 있는 양 가장한다. 자신의 개인적 성장을 평가함에 있어 타인의 기준을 참고로 삼는 이들은 머잖아 같은 잣대를 자신들에게 적용한다. 그들은 더 이상 자신의 자리에 앉지 못하고, 그들에게 할당된 구멍에 자신을 밀어 넣고, 남이 가르쳐준 틈새에 비집고 들어가고자 애쓴다. 나아가 그들은 자신의 동료들도 똑같은 과정을 통해 자리를 찾도록 하고, 이런 과정은 모든 사람과 모든 것이 자리를 잡을 때까지 계속된다.

주어진 규격에 맞춰 학교화된 사람은 측정되지 않는 경험을 손에서 놓칠 수밖에 없다. 측정할 수 없는 것은 부차적인 것, 위험한 것이 되고 마는 것이다. 그들은 더 이상 창의성을 박탈당할 일도 없다. 일방적 가르침 아래서는 자신의 일을 스스로 한다거나 자기 자신이 되는 것을 배울 수 없고, 이미 만들어져 있거나 만들어질 수 있는 것만을 가치로 여기기 때문이다.

가치가 인위적으로 생산될 수 있고 측정될 수 있다는 생각을 학교로부터 주입받은 사람은 모든 종류의 등급화를 받아들이기도 쉽다. 단일한 척도로 국가 발전을 가늠한다든지, 아기의 지능을 측정한다든지, 심지어 평화를 향한 진전을 전사자 수로 계산하게 되는 것이다. 학교화된 세계에서는 행복에 이르는 모든 길이 소비자 지표로 포장되어 있다.

패키지로 묶인 가치라는 신화

학교는 교육과정(curriculum)을 판매하는 곳이다. 이 교육과정은 여타 상품과 동일한 과정을 통해 만들어지고 동일한 구조를 갖는 한 묶음의 상품이라 할 수 있다. 대부분의 학교에서 채택하고 있는 교육과정의 생산은 이른바 '과학적 연구'라는 것에서부터 시작된다. 교육 공학자들은 이 과학적 연구를 기초로 하여 일정한 예산과 금기사항 아래서 미래 수요를 예측하고 조립 라인에 쓸 도구를 준비한다. 또한 판매자인 교사는 소비자인 학생에게 완제품을 제공하고, 소비자 반응을 면밀히 연구하여 차기 모델을 준비하기 위한 조사 자료를 작성한다. 여기서 차기 모델이라 함은 '무학년제' '학생설계 수업' '팀 티칭' '시청각 교보재' '문제중심 수업' 같은 것들을 말한다.

이런 생산 과정의 결과로 만들어진 교육과정은 다른 현대 상품과 비슷한 효과를 가진다. 그것은 미리 계획된 의미들의 묶음이자 패키지화된 가치들로서, 모자란 데 없는 그 매력 때문에 생산비용을 충분히 회수할 만큼 많은 사람에게 팔리는 상품성을 갖는다. 나아가 소비자인 학생은 이런 시장화된 가치에 자신의 욕망을 일치시키도록 배운다. 즉 소비자 조사의 예측대로 행동하지 않은 탓에 그가 기대하도록 되어 있는 직업 범주에 들어갈 자격과 등급을 받지 못한 학생은 죄의식을 느끼게 되는 것이다.

한편 교육자는 배움의 난이도가 높아질수록 그에 비례하여 교육과정의 가격도 비싸진다는 경험에 근거하여 더욱 고가의 교육과정을 정당화한다. 이것은 어떤 일에 투입하는 자원이 많을수록 일의 내용과는 무관하게 그 일의 중요성이 더 크게 인식된다는 파킨슨의 법칙을 응용한 것이다. 이 법칙은 모든 종류의 학교에서 증명할 수 있다. 가령 프랑스 학교들에서는 한때 독해력이 중요한 이슈로 떠오른 적이 있는데, 그것은 미국 학교들에서 독해력이 주요 이슈가 되었던 1950년대 수준으로 프랑스의 일인당 교육비 지출이 늘어났기 때문이다.

사실 건강한 상식을 지닌 학생은 자신이 더 속속들이 조작되고 있다는 것을 아는 순간부터 학교의 가르침에 더욱 저항한다. 이런 저항은 공립학교의 권위적 교육방식에서 기인하는 것도 아니요, 일부 자유학교에서 시행하는 유도적 교육방식에서 기인하는 것도 아니다. 그것은 모든 학교가 공통적으로 취하고 있는 기본적 접근법, 곧 다른 사람이 배워야 할 내용과 배우는 시기를 한두 사람의 판단으로 결정할 수 있다는 생각이 불러온 결과이다.

끝없는 진보가 가능하다는 신화

역설적이지만, 학습에 수확 체감의 법칙이 작용할 때조차도 일인당 교육비가 증가하면 교육을 받는 학생의 가치는 학생 자신의 눈으로 보나 시장 측면에서 보나 높아지게 된다. 이 때문에 학교는 아무리 많은 비용이 들더라도 교과과정을 경쟁적으로 소비하는 단계까지 학생을 끌어 올려서 더 높은 수준의 과정에 들어가게 한다. 학생을 학교에 머물게 하는 데 드는 비용은 마치 피라미드를 오르는 것처럼 상급 학교로 갈수록 높아진다. 상급 단계에 가면 그 비용은 새로운 축구장, 예배당, 국제교환 프로그램이라는 이름으로 위장된다. 그러다가 가르칠 게 더 이상 없어지면 학교는 이제 진급 자체가 가치 있는 것이라고 가르친다. 이것이 바로 일을 대하는 미국식 방식이다.

베트남전쟁은 이런 논리를 잘 보여주는 사례이다. 전쟁의 성패는 엄청난 돈을 들여 공급한 값싼 총알들로 얼마나 많은 인명을 살상했는가에 의해 측정되고, 이런 야만적인 계산법을 부끄러움도 없이 '전사자 수'라고 부른다. 사업이 돈의 끝없는 축적인 것처럼, 전쟁은 살상 곧 사망자 수의 끝없는 축적인 것이다. 같은 방식으로 교육이란 곧 학교교육을 받는 것을 말하며, 이 끝없는 과정은 학생의 수업일수로 계산된다. 이상의 각종 과정들은 되돌릴 수 없는 것들이며, 각자 나름의 정당화 논리를 가지고 있다. 경제적 기준에 의하면 국가는 계속 부유해지고 있고, 사망자 계산이라는 기준에 의하면 국가는 전쟁에서 영원히 승리하고 있는 것이다. 마찬가지로 학교교육이라는 기준에 의하면 사람들은 점점 더 많이 교육받고 있는 것이다.

그럼에도 학교는 가르침을 더 많이 섭취하게 하기 위해 굶주림을 계획하기까지 한다. 그러나 이런 굶주림이 아무리 끝없는 섭취를 자극한다 해도, 무언가를 아는 기쁨을 만족스럽게 주는 것은 아니다. 각각의 교과에는 하나의 공급품을 소비하고 나면 바로 다음 것을 소비하라는 사용법이 붙어 있다. 또 금년의 소비자에게 작년의 포장은 항상 시대에 뒤떨어진 것이다. 이러한 수요 위에 구축된 것이 바로 교과서 사업이다. 교육 개혁가라는 사람들은 새로운 세대에게 가장 최신의 것, 가장 좋은 것을 주겠다고 약속하고, 대중은 이들이 공급하는 것을 원하도록 교육받는다. 자신이 놓친 것을 언제까지나 떠올려야 하는 탈락자와 자기보다 뒤에 교육받은 세대에 대해 열등감을 느끼는 졸업자는, 계속 높아져만 가는 이 기만의 의례를 통해 자신이 어떤 사회에 있는지를 정확히 알면서도, 점점 벌어지는 좌절의 간격을 '기대 상승'이라는 완곡어법으로 표현하는 사회에 대해 계속 지지를 보내고 있는 것이다.

그러나 아무리 끝없는 소비—영원한 진보—를 성장으로 여긴다 해도, 이 성장은 결코 성숙 단계에 이를 수 없다. 무한한 양적 증가가 가능하다는 약속이 사회의 유기적 발전 가능성을 저해하기 때문이다.

의례 게임과 새로운 세계종교

선진국들에서 학교교육을 끝마치는 연령은 기대수명이 증가하는 속도를 훨씬 앞지르고 있다. 두 개의 증가 곡선은 10년 이내에 교차하게 될 것이고, 제시카 미트포드 같은 전문가들이 관심을 갖고 있는 '종결교육'(terminal education)이라는 문제를 만들어낼 것이다. 나는 교회 의식에 대한 수요가 한 사람의 일생 너머까지 이어졌던 중세 말을 떠올려본다. '연옥'이 만들어진 것은 사람들이 영원한 삶에 들어가기 전에 교황의 주재 아래서 영혼을 정화받기를 원해서였다. 당연하게도 연옥의 발명은 먼저 면죄부 거래로 이어졌고, 결국은 종교개혁을 야기했다. 지금은 끝없는 소비라는 신화가 영원한 삶에 대한 믿음을 대체하고 있다.

아널드 토인비는 위대한 문화가 쇠퇴할 때마다 항상 새로운 세계종교가 일어났다고 지적한 바 있다. 그 종교가 새로운 지배 계급의 필요에 부응하면서도, 사회 내부의 프롤레타리아에게는 희망을 주었다는 것이다. 마찬가지로 학교는 쇠퇴해가는 우리 문화의 세계종교로 매우 적합한 듯 보인다. 현대 세계가 겪고 있는 사회 원리와 사회 현실 사이의 심각한 괴리를, 학교만큼 그 구성원에게 잘 은폐하고 있는 제도도 없기 때문이다. 세속적이고 과학적이며 종말을 부정하는 그 태도는 확실히 현대적 정조의 일부를 이룬다. 우선 고전적이고 비판적인 학교의 겉모습은 반종교적일 정도는 아니지만 적어도 다원주의적으로 보인다. 또한 학교의 교육과정은 무엇이 '과학적'인지 정의하며, 다시 그 교육과정은 소위 '과학적 연구'에 의해 정의된다. 결국 학교를 완전히 끝마칠 수 있는 사람은 아무도 없다. 학교는 그 누구에 대해서도 문을 닫아건 적이 없기 때문이다. 보충교육이니 성인교육이니 평생교육과 같은 형태로 누구에게나 또 한 번의 기회를 준다.

학교는 성적에 따른 진급이라는 의례 게임을 그 구조로 갖고 있기 때문에 사회적 신화를 효과적으로 창조하고 유지하는 기능을 한다. 현대에는 이 도박적인 의례에 참가하는 일 자체가 무엇을 어떻게 배우는가보다 훨씬 중요한 것이 되었다. 학교가 가르치는 것은 바로 이런 게임이며, 그것이 핏속까지 침투해 하나의 습관을 형성하고 있다. 사회 전체가 서비스의 끝없는 소비라는 신화에 빠져 있는 것이다. 의례에 대한 마지못한 참여가 모든 곳에서 의무화되고 강박적인 것이 될 때까지 이 과정은 계속된다. 또한 학교는 의례 경쟁을 국제적 게임으로 유도하여, 이 게임에 참가할 능력이 없거나 참가할 의사가 없는 이들을 세계의 악인 양 비난하도록 만든다. 이렇듯 학교는 누가 더 앞선 소비를 하는지를 겨루는 신성한 경기에 신참자를 출전시키는 입회 의식으로 기능한다. 학교는 또한 소속 사제들을 통해 신자들과 특권을 가진 신 사이를 중재하는 화해의 의식으로 기능하며, 그 탈락자를 저개발의 속죄양으로 낙인찍어 희생시키는 속죄 의식으로도 기능한다.

그리하여 이제는 몇 년밖에 학교에 다니지 못한 사람들—라틴아메리카, 아시아, 아프리카에서 압도적 다수를 점하고 있는 사람들—도 학교교육을 제대로 소비하지 못했다는 이유로 죄의식을 느끼도록 배우고 있다. 멕시코에서는 6년의 의무교육을 법으로 강제한다. 하지만 경제적으로 하위 3분의 1 계층에서 태어난 아이들 가운데 초등학교 1학년에 입학하는 아이는 3명 중 2명을 넘지 않으며, 입학을 한다 해도 6년의 의무교육을 마치는 비율은 4퍼센트에 불과하다. 중간 3분의 1 계층에서 태어난 아이들이 6년을 다 마치는 비율도 12퍼센트에 불과하다. 이 정도 수준인데도 멕시코는 공교육을 제공하는 데 있어 라틴아메리카의 나머지 25개국보다 훨씬 성공적이라는 얘기를 듣는다.

어느 나라에서나 아이들은 비록 불평등하기는 해도 이 의무적인 복권 추첨에서 당첨될 기회가 있다는 것을 알고 있다. 따라서 이 기회를 스스로 저버린 탈락자는 모두에게 동등하다고 가정되어 있는 국제 기준 때문에 원래의 가난에 더하여 자신이 자초한 차별을 감수할 수밖에 없다. 사람들은 이런 '기대 상승'의 법칙을 자연스런 것으로 받아들이도록 지속적으로 교육받은 결과, 이제는 학교 외부에서 점점 늘어나고 있는 좌절이 학교의 은총을 거부한 탓이라고 믿게 되었다. 모두가 태어나면서부터 세례를 받았는데, 그 뒤로 교회에 나가지 않은 탓에 천국에서 추방되었다는 것이다. 원죄를 갖고 태어났지만 세례를 통해 1학년에 입학할 수 있었는데, 자신의 개인적 실수 때문에 초열지옥(*Gehenna*, 원래는 '빈민굴'을 뜻하는 히브리어)에 빠지게 되었다는 얘기다. 막스 베버가 구원이 부를 축적한 사람에게 주어진다는 프로테스탄트 윤리로부터 어떤 사회적 효과가 생겨났는지 추적한 것처럼, 이제 우리는 학교에 재학한 연한이 긴 사람에게 더 많은 은총이 주어지는 것을 목격할 수 있다.

다가올 왕국─기대의 보편화

학교는 소비자들의 요구에 표현된 기대와 생산자들의 의례에 표현된 믿음을 하나로 이어주는 곳이다. 그것은 전 세계화된 '화물 숭배'(cargo cult)를 의례로 만든 것이라 할 수 있다. 1940년대에 남태평양 멜라네시아 섬들에서 생긴 이 풍습은 원래 미군 비행기나 선교사들이 가져온 화물에서 비롯된 것인데, 신자들이 맨 몸에 검은 넥타이를 매고 있으면 예수가 선박과 비행기에 아이스박스, 옷가지, 재봉틀을 싣고 와서 그들에게 나눠줄 거라는 믿음으로 발전되었다.

이와 비슷하게 학교는 스승에 대한 비굴한 의타심을 강화하는 동시에, 세상에 나가 만 민족에게 스스로를 구원하라고 외치고 싶은 사도가 전형적으로 가진 전능함의 망상을 키워주는 곳이다. 이 의례는 사업주들의 엄격한 근무 지침에 맞춰 진행되며, 그 목적은 비참하고 박탈당한 자들의 유일한 희망인 끝없는 소비라는 지상낙원의 신화를 기리는 데 있다.

그칠 줄 모르는 이 세속적 기대라는 전염병은 어느 시대에나 있었지만, 특히 식민지나 문화적 주변집단에서 자주 나타나곤 했다. 로마제국의 유대인들에게는 에세네파[31]와 유대인 메시아

---

31 Essenes. 고대 유대교에서 바리사이, 사두가이파와 경쟁했던 금욕적 신비주의 경향의 일파.

들이 있었고, 종교개혁기의 농노들에게는 토마스 뮌처[32]가 있었으며, 남아메리카 파라과이에서 북아메리카 다코타까지 살았던 무소유 인디언들에게는 주술사가 있었다. 이들 종교집단은 언제나 예언자들의 인도를 받았고, 예언자들의 약속은 선택된 소수에 한정된 것이었다. 반면 학교가 퍼뜨리는 천년왕국에 대한 기대는 예언자적이기보다는 비인격적인 것이고, 특정 지역에 한정되지 않는 보편적인 것이다. 인간은 이제 자신의 메시아를 스스로 만들어내는 기술자들이 되어, 그들의 왕국에서 거행되는 진보의 공학에 복종하는 이들에게 과학의 무한한 보상을 약속해주고 있다.

새로운 소외

학교는 새로운 세계종교일 뿐만 아니라, 세계에서 가장 빨리 성장하고 있는 노동시장이기도 하다. 소비자 공학은 경제의 주된 성장 분야가 되어 왔다. 부유한 나라들에서 생산 비용이 계속 감소함에 따라, 인간을 잘 훈련된 소비자로 만들려는 방대한 사업에 자본과 노동이 더욱 집중되고 있다. 지난 10년간 학교 제도와 직접 관련된 자본 투자는 국방비 지출보다도 빠르게 증가했

---

32 Thomas Münzer(1490?~1525). 독일 종교개혁기에 활동한 급진적인 사회개혁가로 가난한 자를 위하여 교회와 수도원 강탈을 주장했다.

다. 군비축소로 절감된 예산이 국가 경제의 중심을 교육산업으로 옮기는 과정만 가속화하고 있는 것이다. 학교의 근본적 폐해를 인식하지 못하고 이처럼 임시방편적인 예산을 계속 늘리는 한, 학교는 합법적 낭비를 위한 기회만 무제한으로 만들어낼 것이다.

전일제 출석생과 전일제 교사의 수를 모두 합쳐보면, 학교라는 상부구조가 이 사회에서 얼마나 큰 고용주 역할을 하고 있는지 알 수 있다. 미국에서는 1970년 기준으로 약 2억 명의 인구 가운데 6천 2백만 명이 학교에 소속되어 있고, 8천만 명이 다른 곳에서 일한다. 네오마르크스주의 분석가들은 이런 사실을 자주 망각하고 있다. 그들은 정치 및 경제 혁명을 통해 더 전통적이고 근본적인 모순을 바로잡을 때까지 탈학교 과정을 유보하거나 묶어두어야 한다고 말한다. 하지만 학교를 하나의 산업으로 이해해야만 혁명 전략도 현실성을 띨 수 있다. 마르크스에게는 상품에 대한 수요를 창출하는 비용이 그리 중요하지 않았다. 반면, 오늘날의 인적 노동 대부분은 새로운 수요를 창출하는 데 투입되고 있으며, 이 수요는 또한 자본을 집중적으로 사용하는 산업에 의해서만 충족시킬 수 있다. 그런 수요 대부분이 학교에서 만들어지고 있음은 물론이다.

전통적 의미에서 '소외'란, 일(work)이 임금노동(wage-labor)으로 변해서 인간이 무언가를 창조하고 스스로 재창조될 기회를 박탈당한 데서 직접적으로 일어나는 결과였다. 그런데 지금의 청소년들은 학교에서 판매용 상품으로 내놓은 지식의 생산자이자 소비자인 양 대우받으면서도 실제로는 그들을 배제하는 학교에 의해 처음부터 소외를 당하고 있다. 학교는 삶의 시작 단계에서부터 소외를 연습시킴으로써 교육으로부터 현실을 제거하고 노동으로부터 창조성을 빼앗는다. 학교는 가르침 받을 필요를 가르침으로써 청소년들로 하여금 그들의 삶을 소외시킬 제도화에 적응하게 한다. 이런 가르침을 일단 받고 나면, 사람들은 독립적으로 성장할 동기를 상실한다. 사람들과의 관계에도 더 이상 매력을 느끼지 못하고, 삶이 제공하는 경이로움에 대해서도 마음을 닫는다. 제도상의 정의가 있어야만 그때서야 관심을 갖는 것이다. 게다가 학교는 인구의 상당 부분을 직간접적으로 고용하고 있다. 사람들을 학교에 평생 동안 잡아두거나, 다른 제도에 적합한 존재가 되도록 만들고 있는 것이다.

학교라는 지식 산업이야말로 새로운 세계종교이다. 이 종교는 한 개인의 일생에서 점점 더 많은 햇수 동안 아편의 공급처이자 소비처로 기능한다. 따라서 탈학교는 인간 해방을 위한 어떤 운동에 대해서도 가장 기본적인 바탕이 된다.

탈학교의 혁명적 잠재력

물론 학교가 현대 제도 가운데 현실에 대한 우리의 시각을 형성하는 유일한 제도는 아니다. 가정생활, 징병제도, 보건의료, 소위 전문가주의, 매스미디어 등의 숨은 교육과정 모두가 인간 세계—시각, 언어, 필요—를 제도적으로 조작하는 데 중요한 역할을 한다. 그러나 학교는 더욱 근본적이고 더욱 체계적으로 인간을 노예화한다. 왜냐하면 오직 학교만이 비판적 판단력의 형성이라는 중요 기능을 맡고 있다고 여겨지는 데다, 역설적이게도 자신이나 타인이나 자연에 대한 배움을 얻는 데 있어 미리 패키지로 만든 과정에 의존해 그런 판단력을 기르도록 하기 때문이다. 학교가 우리에게 너무나 깊이 영향을 미치고 있는 까닭에, 그 어떤 수단에 의해서도 학교로부터 해방되기를 기대하기는 매우 어렵다.

자신을 혁명가로 보는 사람들 대부분도 사실은 학교의 희생자이다. 심지어 그들은 '해방'을 어떤 제도적 과정의 산물로 보기까지 한다. 그런 환상에서 깨어나는 유일한 방법은 그들 스스로 학교에서 해방되는 것뿐이리라. 대부분의 배움이 가르침을 필요로 하지 않는다는 사실을 발견하는 일은 조작하거나 계획할 수 있는 것이 아니다. 자신을 탈학교화하는 일은 각자의 책임이며, 그럴 수 있는 능력도 각자만이 가질 수 있다. 스스로 학교로부터 해방되지 못한 것을 변명할 수 있는 사람은 아무도 없다. 사람들이 왕권으로부터 해방될 수 있었던 것은 그들 중 일부가 기성 교회로부터 벗어나는 것을 본 다음부터였다. 마찬가지로 우리가 끝없이 증대되는 소비로부터 해방될 수 있으려면 먼저 강제적 학교 제도로부터 벗어나야 한다.

우리는 소비의 측면에서도 생산의 측면에서도 모두 학교교육에 연루되어 있다. 우리는 학교를 통해 훌륭한 배움이 우리 안에 생겨날 수 있고 또 그래야 하며, 다른 사람에게도 생기게 할 수 있다는 미신에 빠져 있다. 그래서 학교라는 관념에서 탈출을 시도할 때마다 늘 내부 저항에 부딪히곤 한다. 이것은 마치 끝없는 소비의 과정을 포기하거나, 그 자신에게 이익이 되도록 다른 사람을 조작할 수 있다는 가정을 버리려 할 때 저항에 부딪히는 것과 같다. 우리가 학교화 과정 속에 있는 한 그 누구도 타인을 착취하는 일을 피할 수 없다.

학교는 모든 고용주 가운데 가장 큰 고용주이자 가장 이름이 없는 고용주이다. 실로 학교는 길드, 공장, 주식회사를 잇는 새로운 종류의 기업 가운데 가장 대표적인 보기라 할 수 있다. 지금까지 경제를 지배해온 다국적 기업들의 자리를 이제는 초국가적으로 설계된 서비스 기관들이 채우고 있으며, 언젠가는 이들 기관으로 완전히 대체될 것이다. 이 기관들은 모든 사람이 그것을 소비하지 않으면 안 된다고 느끼게 하는 방식으로 서비스를 제공한다. 그것들은 국제적으로 표준화되어 있으며, 모든 곳에서 거의 동일한 주기로 그 서비스의 가치를 갱신하곤 한다.

신형 자동차와 초고속도로를 기반으로 하는 '운송시스템'은 그 설비를 제공하는 기관이 국가이든 아니든 상관없이 편의성, 위신, 속도, 각종 장치에 대한 수요를 만들어낸다. '의료기구' 역시 그 서비스 비용을 국가가 지불하든 개인이 지불하든 상관없이 특정 상태만을 건강으로 정의한다. 졸업장으로 배움을 인증하는 진급 제도는 누가 학교를 운영하든 상관없이 국제적으로 동일하게 짜인 인력 피라미드에 학생들을 끼워 맞춘다.

이 모든 경우에 있어 고용은 숨은 편익이다. 즉 자가용 운전자, 병원에 가는 환자, 교실의 학생은 이제 '피고용자'라는 새로운 계급의 구성원으로 보아야 한다. 따라서 교사와 학생이 착취자인 동시에 피착취자라는 인식에 바탕을 둔, 학교를 출발점으로 하는 해방 운동은 미래의 혁명 전략에 대한 예시가 될 수 있다. 급진적인 탈학교 프로그램은 강제적인 '건강', '부', '안보'를 특징으로 하는 사회 체제에 맞설 수 있는 새로운 혁명적 스타일로 젊은이들을 훈련시킬 것이다.

학교에 저항할 때의 위험을 미리 예상하기는 어렵지만, 다른 주요 제도에 대해 저항하는 경우만큼 위험이 크지는 않을 것이다. 학교는 아직 국가나 대기업만큼 효율적인 자기보호 장치를 갖고 있지 않기 때문이다. 따라서 학교의 손아귀로부터 해방되는 일은 피를 흘리지 않고도 가능하다. 미취학 단속 공무원이나 그의 법원 동료들 및 고용사무소가 개인 위반자들에게 가혹한 조치를 취할 수도 있고, 특히 가난한 이들에 대해서는 더욱 그러하겠지만, 대중 운동의 거센 물결 앞에서는 무력한 모습만 보여줄 것이다.

학교는 이미 사회 문제가 되어버렸다. 학교는 사방에서 공격을 받고 있으며, 따라서 정부와 그 시민들은 전 세계에 걸쳐 기존의 틀과는 다른 실험을 후원하기까지 한다. 그들은 학교에 대한 믿음을 지키고 체면을 유지하기 위해 지금까지와는 다른 통계적 수단에 기대기도 한다. 일부 교육자들 사이의 분위기는 바티칸공의회 이후 가톨릭 주교들이 보여주었던 분위기와 매우 흡사하다. 이른바 '자유학교'(free school)라고 불리는 곳들의 교과과정을 보면 포크송과 록음악을 전례에 도입한 가톨릭 미사를 보는 듯하다. 교사 선발에 발언권을 달라는 고등학생들의 요구는 사제를 스스로 선택하려는 교구민들의 요구만큼이나 거세다. 물론 이런 수준을 넘어 상당수의 사람들이 학교교육에 대한 믿음을 버린다면, 사회는 훨씬 더 큰 위험에 처하게 될 것이다. 그런 상황이 오면 상품과 수요의 동시 창출에 기초한 경제 질서뿐 아니라, 학교로부터 학생들을 넘겨받음으로써 유지되는 국민국가의 정치 질서마저 위태롭게 될 것이다.

우리는 분명한 선택의 순간에 와 있다. 우리는 제도화된 배움이란 것이 무제한의 투자를 정당화하는 하나의 생산품임을 계속 믿거나, 아니면 공식 교육에 일정한 영향력을 행사하는 법률, 정책, 투자 등을 재검토하여, 언제나 개인적 활동일 수밖에 없는 배움의 기회를 가로막는 장벽을 무너뜨리는 데 그것들을 이용해야 할 것이다.

만일 우리가 지식이 하나의 상품이라는 가정, 즉 특정 상황에 있는 소비자에게 강제할 수 있는 가치 높은 상품이라는 가정에 도전하지 않는다면, 사회는 점점 더 사악한 사이비 학교와 전체주의적인 정보 관리자에 의해 지배될 것이다. 또한 교육 치료사들은 학생들을 더 잘 가르친다는 명분으로 더 많은 약물을 투여할 것이고, 학생들은 교사들의 강압과 졸업장 경쟁에서 벗어나기 위해 그 약물을 더욱 과용할 것이다. 점점 더 많은 관료들이 교사로 위장하는 일도 벌어질 것이다. 교육자들의 언어가 광고인들의 언어에 물든 지는 이미 오래이다. 이제는 군 장성과 경찰이 교육자를 가장하여 자기들 직업에 위엄을 부여하려고 한다. 학교화된 사회에서는 전쟁 수행과 시민에 대한 억압도 교육적인 것으로 설명된다. 베트남전쟁이 그 예이다. 이 전쟁이 마치 그곳 사람들에게 끝없는 진보의 가치를 가르칠 수 있는 유일한 방법인 것처럼 정당화되고 있는 것이다.

억압 역시 기계로 된 메시아의 도래를 앞당기기 위한 선교 노력으로 보일 것이다. 그리하여 점점 더 많은 국가들이 브라질과 그리스 등에서 이미 시행되고 있는 교육 고문에 의존할 것이다. 이 교육 고문은 정보를 얻거나 사디스트의 정서적 욕구를 충족시키기 위해 고안된 것이 아니다. 그것은 무차별적인 테러에 의존해 전 대중의 본 모습을 파괴하고, 그런 온전함을 기술 관료들이 고안한 교육내용에 맞는 성형 재료로 바꾸기 위한 것이다. 지금 당장 우리가 가진 교육적 오만을 버리고 그로부터 해방을 도모하지 않는 한, 다시 말해서 스스로를 구원하도록 다른 사람을 조작할 수 있다는 믿음, 신조차 할 수 없는 그 일을 우리가 할 수 있다는 믿음을 버리지 않는 한, 의무 교육이 지닌 전적으로 파괴적이고 끝없이 진보적인 본성은 그 궁극의 논리를 실현하게 될 것이다.

많은 사람들이 오늘날의 생산 추세가 환경에 가하는 무자비한 파괴성을 이제 막 깨닫고 있지만, 개인이 그 추세를 바꾸기에는 매우 제한된 힘만 가진 것도 사실이다. 학교에서 시작된 인간 조작도 이미 돌이킬 수 없는 지점에 이르렀으나, 대부분의 사람들은 여전히 이를 깨닫지 못하고 있다. 그들 역시 학교 개혁을 지지하기는 하지만, 헨리 포드 3세가 유해성이 덜한 자동차의 생산을 제안했던 정도로만 개혁을 생각할 뿐이다.

사회학자이자 미래학자인 다니엘 벨은 우리 시대의 특징을 문화와 사회 구조 사이의 극단적인 불일치로 규정한 바 있다. 일부는 종말론적 태도에 빠져 있는 반면, 다른 일부는 기술 관료들의 의사결정에 여전히 의존하고 있다는 것이다. 이 말은 수많은 교육 개혁가들의 경우에도 해당한다. 그들은 현대 학교의 특징을 이루는 거의 모든 것을 비난할 수밖에 없다고 느끼면서도, 동시에 또 다른 학교 형태를 제안한다.

과학사학자 토머스 쿤은 『과학혁명의 구조』에서 새로운 인식 패러다임이 등장하기 전에는 늘 그런 불협화음이 일어났다고 지적한다. 자유낙하 운동을 관찰한 사람, 지구 반대편을 돌아온 사람, 새로운 망원경을 사용한 사람들이 보고한 사실은 프톨레마이오스의 세계관과는 맞지 않았다. 그러다가 매우 갑작스럽게 뉴턴의 패러다임이 받아들여졌다. 마찬가지로 오늘날의 젊은이들 다수가 겪는 세상과의 불화는 인식의 문제라기보다 태도의 문제이다. 그것은 이런 사회가 참고 받아들일 만한 사회여서는 안 된다는 느낌이다. 그런데 이런 위화감의 놀라운 점은 매우 많은 사람들이 그것을 참아낼 수 있다는 것이다.

양립할 수 없는 목표를 동시에 추구하는 능력에 대해서는 설명이 필요하다. 인류학자 맥스 글럭면에 의하면, 모든 사회에는 구성원들에 대해 그런 불일치를 숨기는 절차가 있다고 한다. 의례의 목적이 바로 그것이라는 얘기다. 의례는 사회적 원리와 실제 사회 조직 사이에 존재하는 불일치와 갈등을 구성원에게 숨기는 역할을 한다는 것이다. 개인이 그의 세계를 만드는 힘들에 끌려들어간 이유가 바로 의례 때문임을 명확하게 인식하지 못하는 한, 그는 그 주술에서 벗어날 수도, 새로운 세계를 만들 수도 없다. 경제의 주요 자원으로서 진보 소비자들을 만들어내는 학교의 의례적 성격을 깨닫지 못하는 한, 우리는 이러한 경제의 주술에서 벗어날 수도, 새로운 경제를 만들 수도 없을 것이다.

제4장

우리가 선택해야 할 제도

Institutional Spectrum

대부분의 유토피아적 구상과 미래주의적 시나리오는 새롭고 값비싼 기술적 장치들, 즉 부유한 나라와 가난한 나라 모두에서 똑같이 팔 수 있는 장치들을 요구한다. 미국의 미래학자 허먼 칸은 베네수엘라, 아르헨티나, 콜롬비아에서 제자들을 찾았다. 브라질의 건축가 세르지우 베르나르지스의 몽상에 따르면, 그의 조국 브라질은 2000년이 되면 지금 미국이 보유한 것보다 더 많은 새 기계들로 번쩍거릴 것이고, 미국은 그때 고물이 된 1960년대와 70년대의 미사일 기지, 제트기 공항, 대도시에 짓눌려 있을 것이라고 한다. 건축가 버크민스터 풀러에게서 영감을 받은 미래학자들은 더 값싸고 색다른 장치에 관심을 가질 것이다. 그들이 염두에 두는 것은 더 적은 비용으로 더 많은 일을 할 수 있게 해주는, 새롭고도 실현 가능한 기술의 수용이다. 예를 들면 초음속 교통수단보다는 경량 모노레일, 생활공간의 평면적 확장보다는 수직 확장 같은 것들이다. 오늘날의 모든 미래 계획자들은 기술적으로 가능한 것들을 경제적으로도 실현 가능하게 하려고 애쓰고 있지만, 그로부터 불가피하게 나타날 사회적 결과에 대해서는 외면한다. 즉 소수의 특권이 될 수밖에 없는 상품과 서비스를 모든 사람이 점점 더 많이 요구하게 될 것이라는 점은 무시한다.

바람직한 미래는 우리가 '소비'의 삶이 아닌 '행위'의 삶을 얼마나 신중하게 선택할 수 있는가에 달려 있다. 만들고 파괴하거나 생산과 소비만을 반복하는 생활양식—즉 자원고갈과 환경오염으로 가는 길의 경유지에 불과한 생활양식—이 아닌, 우리를 자발적이고도 독립적이면서 상호 연결된 삶으로 이끌 수 있는 생활양식을 일으키는 데에 미래가 달려 있다는 얘기다. 또한 그 미래는 새로운 이데올로기와 기술의 발전보다는 행위의 삶을 뒷받침하는 제도를 선택하는 데 달려 있다. 지금 우리에게는 소비 중독보다는 개인의 참된 성장을 돕는 제도가 무엇인지 알게 해주는 기준이 필요하며, 그런 제도에 우리의 기술적 자원을 먼저 투자하려는 의지 또한 필요하다.

따라서 우리는 근본적으로 반대되는 두 가지 제도적 유형 가운데 하나를 선택할 수 있을 것이다. 두 유형 모두 기존 제도에서 그 사례를 찾을 수 있지만, 그중 하나는 거의 현대를 정의할 정도로 특징적이다. 나는 이 지배적 유형을 '조작적 제도'(manipulative institution)로 부르고자 한다. 다른 유형 역시 현실에 존재하기는 하지만 아직은 취약한 상태에 있다. 이 제도는 다소 볼품없고 눈에 잘 띄지도 않지만 나는 더 바람직한 미래의 모델이라 본다. 나는 그것을 '공생적 제도'(convivial institution)[33]라고 부르며, 좌우로 펼쳐진 제도 스펙트럼의 왼쪽에 두고자 한다. 내가 제도 스펙트럼을 통해 보여주려는 것은, 스펙트럼의 양 극단 사이에 여러 제도가 있고, 역사적으로 존재했던 제도들이 인간 활동을 촉진하는 쪽에서 생산을 조직하는 쪽으로 이행하면서 어떻게 그 색깔을 바꿔왔는가 하는 점이다.

일반적으로 이런 좌우 스펙트럼은 사람들과 그 이념을 구분하는 데 사용되었지, 사회 제도나 그 양식에 대해서는 사용되지 않았다. 개인이든 집단이든 좌우의 범주로 사람들을 분류하는 것은 종종 통찰의 빛보다는 갈등의 열을 더 많이 발생시킨다. 물론 일반화된 관례를 평소와 다른 방식으로 사용하는 것에 대해 심각한 이의를 제기할 수도 있겠지만, 나는 이렇게 함으로써 토론의 용어들이 무익한 차원에서 풍부한 차원으로 옮겨갈 수 있

---

33 'convivial'은 사전에 유쾌하고 명랑한 상태를 가리키는 말로 단순 풀이되어 있지만, 저자는 이 말을 그리스어 에우트라펠리아(*eutrapelia*), 곧 '절제가 있는 즐거움'의 뜻으로 쓴다. 흔히 공생공락(共生共樂)이라는 말로 옮긴다.

을 거라 기대한다. 이런 의도는 이념적으로 왼쪽에 속한 사람들이 스펙트럼의 오른쪽에 위치한 조작적 제도에 대해 항상 반대하는 것은 아니라는 점을 보면 더 분명해질 것이다.

조작적 제도 대 공생적 제도

현대의 가장 영향력 있는 제도들은 스펙트럼의 오른쪽에 모여 있다. 법의 집행도 보안관 손에서 FBI와 국방부의 손으로 넘어가면서 오른쪽으로 이동했다. 오늘날의 전쟁은 살인을 사업 내용으로 하는 고도로 전문화된 산업이 되어버렸다. 이 산업은 전사자 수로 그 효율성을 측정하는 단계에까지 왔다. 전쟁으로 평화를 유지할 가능성 역시 그 국가가 무제한의 살상능력을 가지고 있음을 적과 아군 모두에게 확인시키는 데 달려 있다. 현대의 총탄과 화학무기는 너무나 효과적이어서 목표로 삼은 '고객'에게 제대로 전달되기만 하면 단돈 몇 센트의 금액으로도 그를 반드시 죽이거나 불구로 만들 수 있다. 하지만 가격에 비해 그 배송료는 현기증 날 정도로 높아지고 있다. 즉 베트남인 한 사람을 죽이는 데 1967년에 36만 달러 들던 것이 1969년에는 45만 달러로 높아졌다. 인류 자멸에 가까운 규모의 경제만이 현대 전쟁을 경제적으로 효율성 있게 수행할 수 있는 것이다. 또한 전쟁의 부메랑 효과도 점점 더 분명하게 나타나고 있다. 베트남인 전사자 수가 늘수록 미국은 전 세계에서 더 많은 적들을 만들어내고 있으며, 마찬가지로 전쟁의 부작용을 흡수하려는 헛된 노력으로서 우스꽝스럽게도 '화해'라는 이름을 단 또 하나의 조작적 제도를 만드는 데 더 많은 비용을 써야 한다.

스펙트럼의 같은 오른쪽 끝에는 고객 조작을 전문으로 하는 사회 제도들이 있다. 군대와 마찬가지로 그것들은 활동 범위가 넓어질수록 역효과가 늘어나는 경향을 보여준다. 이들 사회 제도는 모두 역생산성(counterproductivity)이라는 효과를 가진다는 점에서는 동일하지만, 군대의 경우보다는 그 효과를 뚜렷이 확인하기 어렵다. 다수의 제도들이 이런 역설적 효과를 감추기 위해 치료와 동정의 이미지를 가장하기 때문이다. 가령 감옥은 2세기 전까지만 해도 사람들을 구금한 뒤 형을 선고하거나 불구로 만들거나 처형하거나 추방하는 장소로 이용되었고, 때로는 고문의 한 방식으로 교묘하게 활용되기도 했다. 사람을 철창에 가두는 것이 품성과 행동을 교정하는 데 유익한 효과를 낸다고 생각하는 것은 오로지 요즘 들어서의 일이다. 하지만 교도소가 오히려 범죄의 질과 양 모두를 증가시키고, 실제로는 단지 반사회적이거나 반체제적일 뿐인 인물들을 종종 범죄자로 만들고 있다는 점을 이해하는 사람은 아직 극소수에 불과하다. 나아가 정신병원, 양로원, 고아원도 같은 역할을 한다는 것을 이해하는 사람은 더욱 적다. 이 제도들은 고객들에게 정신병자라든가 고령자라든가 부랑자라는 파괴적인 자기 이미지를 부여하고, 교도소가 교도관들에게 월급을 만들어주듯이 모든 전문직에 대해 그것이 존재해야 할 이유를 제공한다. 스펙트럼 오른쪽 끝에 있는 이 제도들의 구성원이 되는 방법은 두 가지가 있다. 즉 강제적 참여와 선택인데, 둘 다 강압적이라는 점에서는 사실상 다르지 않다.

스펙트럼의 다른 쪽 끝에 있는 제도 즉 '공생적' 제도는 자발적 이용이라는 특징을 가지고 있다. 전화 회선, 지하철 노선, 우편배달 서비스, 공설 시장 및 교환소는 이용객을 유치하기 위해 유무형의 판매 기법을 쓸 필요가 없다. 상하수도 시설, 공원, 인도는 그것을 이용하는 것이 이익이라는 점을 주지시키지 않아도 사람들이 알아서 이용하는 제도이다. 물론 모든 제도에는 일종의 규제가 필요하다. 그러나 무엇을 생산하기 위해서가 아니라 사용하기 위해서 만든 제도를 운용하는 데는 조작적 제도인 치료 제도와는 전혀 다른 성격의 규칙이 요구된다. 여기에서 요구되는 규칙은 누구나 그 제도를 이용하는 데 지장을 초래할 수 있는 남용을 방지하는 것에 그 주된 목적이 있다. 보도에 장애물을 놓아두어서는 안 되고, 식수를 산업용으로 사용하는 것은 금지되어 있으며, 공놀이는 반드시 공원의 정해진 구역에서 해야 한다는 것 등이다. 지금 우리에게는 전화 회선에 혼잡을 초래하는 컴퓨터, 우편 서비스를 남용하는 광고전단지, 하수도 시설을 오염시키는 산업 폐수를 제한하는 입법이 필요하다. 이처럼 공생적 제도는 그 사용을 제한하는 것을 규칙으로 한다. 제도가 공생적 제도에서 반대쪽 끝인 조작적 제도로 이동할수록 규칙은 점점 더 원치도 않는 소비나 참여를 강요하는 특징을 띤다. 여기서 고객을 유치하는 데 드는 비용이 많은가 적은가는 공생적 제도와 조작적 제도를 구분하는 여러 특징들 가운데 하나일 뿐이다.

스펙트럼의 양쪽 끝 모두에서 우리는 서비스 제도들을 만난다. 오른쪽에 있는 서비스는 일방적으로 가해지는 조작으로서, 고객은 선전, 침해, 세뇌, 투옥 및 전기쇼크의 희생자가 된다. 반면 왼쪽의 서비스는 고객을 자유로운 행위자로 있게 하면서, 공적으로 정한 한도 내에서 고객의 선택 기회를 늘려준다. 오른쪽 제도는 매우 복잡하고 비용이 많이 드는 생산 과정으로 가는 경향이 있고, 제도가 제공하는 생산품이나 치료 없이는 살 수 없다고 소비자를 설득하는 데 막대한 노력과 비용을 들인다. 반면 왼쪽 제도는 고객 주도의 의사소통이나 협력을 촉진하는 일종의 네트워크가 되는 경향이 있다.

또한 오른쪽의 조작적 제도는 사회적이고 심리적인 양 측면에서 사람들을 '중독'시킨다. 사회적 중독이란 적은 양으로 기대한 효과를 얻지 못할 때 사용량을 더 많이 처방하는 경향을 말한다. 심리적 중독 내지 습관화란 소비자가 점점 더 많은 과정이나 제품의 필요성에 낚일 때 나타나는 결과이다. 반면에 왼쪽의 자기 활동적 제도는 자기 제한적인 경향이 있다. 소비라는 단순 활동을 만족과 동일시하는 생산 시스템과 달리, 이런 네트워크는 그것을 반복적으로 이용하는 데 목적이 있지 않다. 가령 개인이 전화기를 드는 것은 다른 사람과 할 얘기가 있기 때문이고, 얘기가 끝나면 전화기를 내린다. 십대를 빼고는 상대와 말을 나누는 단순한 즐거움 때문에 전화를 사용하는 사람은 없다. 또는 상대에게 연락하는 수단으로 전화가 적당치 않으면 편지를 쓰거나 직접 가는 방법을 택할 것이다. 이와 달리 오른쪽 제도는 학교의 경우에서 명확히 볼 수 있듯이 강박적인 반복 이용을 유도하고, 다른 대체 수단으로 같은 결과를 얻을 수 있는 길을 막아버린다.

제도 스펙트럼의 왼쪽 끝 가까운 곳에는 해당 분야에서 타인과 경쟁은 하지만 특별히 선전 활동에 매달리지는 않는 사업자들이 있다. 손 세탁소, 작은 빵집, 미용실, 그리고 전문직으로는 일부 변호사와 음악 선생이 여기에 속한다. 그리고 스펙트럼 중간에서 약간 왼쪽으로 간 곳에는 자영업자들, 곧 서비스는 제도화되어 있으나 홍보는 제도화되어 있지 않은 업체들이 있다. 그들은 대면 접촉과 서비스의 품질로 고객을 확보한다.

호텔과 레스토랑은 스펙트럼의 중간쯤에 위치한다. 물론 이미지를 파는 데 막대한 비용을 지출하는 힐튼과 같은 대규모 체인 호텔은 종종 스펙트럼 오른쪽에 있는 제도들처럼 행동한다. 그러나 힐튼, 쉐라톤 같은 호텔 기업이 독립 운영되는 숙박업소보다 같은 가격으로 더 많은 서비스를 제공하는 경우는 거의 없고,

오히려 더 적게 제공하는 경우가 대부분이다. 본질적으로 그들은 호텔 표시를 도로 표지판처럼 써서 여행자를 유혹한다. 이를테면 "공원 벤치보다는 호텔 침대에서 자야 합니다!"가 아니라, "스톱! 여기가 당신 침대입니다"라고 말하는 식이다.

식료품 및 상하기 쉬운 소비재 생산자들도 스펙트럼의 중간에 속한다. 그들은 불특정 수요를 충족시켜 주고, 생산 및 유통 비용 외에 시장이 인정할 수 있는 정도의 광고비와 특별포장비를 추가해서 받는다. 상품이든 서비스든 생산품이 더 기본적인 것일수록 경쟁이 치열하기에 판매 가격도 제한을 받는 경향이 있다.

대부분의 소비재 제조업체는 훨씬 더 오른쪽으로 치우친 곳에 위치한다. 그들은 상품 자체보다는 상품에 딸린 부속물에 대한 수요를 직간접적으로 자극함으로써 생산비를 훨씬 웃도는 가격으로 실제 판매가를 받는다. 제너럴모터스와 포드 같은 자동차 회사들이 그 예이다. 그들이 생산하는 것은 운송수단이지만, 더 중요한 것은 대중의 취향을 조작함으로써 운송 수요를 공공 교통이 아닌 개인 차량에 대한 수요로 돌린다는 것이다. 그들이 판매하는 것은 기계를 조작하고 싶은 욕구, 호화로운 시트에 앉아 고속으로 달리고 싶은 욕망, 목적지 끝에 환상이 기다리고 있다는 기대감 등이다. 그런데 이런 욕망을 위해 그들이 판매하는 것은 쓸모없이 큰 엔진, 불필요한 장치, 소비자 운동가와 공해추방 운동가들이 요구하는 추가 장치에 그치지 않는다. 차량 가격에는 터보엔진, 에어컨, 안전벨트 및 배기가스 저감장치뿐 아니라, 소비자에게 공개하지 않는 다른 비용도 포함되어 있다. 즉 기업 광고 및 판촉비, 연료비, 부품 및 유지보수비, 보험료, 대출 이자가 그런 것들이고, 이에 더하여 도시 교통체증으로 인한 시간 손실, 짜증, 공기오염과 같은 무형의 비용도 포함된다.

어떤 것이 더 사회적으로 유용한 제도인지를 논하는 데 있어 특히 흥미로운 대상은 '공공' 고속도로 시스템이다. 차량 총 가격 중 가장 중요한 몫을 차지하는 이 요소에 대해서는 좀 더 길게 다룰 만한 가치가 있다. 왜냐하면 이 요소야말로 내가 가장 관심을 갖고 있는 오른쪽 끝의 제도 곧 학교와 직결되는 것이기 때문이다.

가짜 공공시설

고속도로 시스템은 상대적으로 먼 거리를 이동하기 위해 만든 네트워크다. 네트워크라면 언뜻 보기에 제도 스펙트럼의 왼쪽에 속하는 것처럼 보인다. 그러나 우리는 여기서 고속도로의 특성과 진짜 공공시설이 가진 특성을 구별해야 한다. 순수하게 범용 목적으로 놓은 도로는 진정한 공공시설이다. 반면 고속도로는 사적 전유물임에도 그 비용을 부당하게 공적 자금으로 충당한다.

전화, 우편, 고속도로 시스템은 모두 네트워크이고 그중 어떤 것도 무료가 아니다. 전화망의 경우 분초 단위로 통화요금을 부과해 그 이용을 제한한다. 이미 상대적으로 낮은 요금을 받고 있지만, 시스템 성격을 변경하지 않고도 이용료를 더 낮출 수 있다. 하지만 요금만 빼면 전화로 무슨 내용을 전달하든 거의 제한이 없고, 상대방이 알아들을 수 있는 말로 조리 있게 말할 수 있는 사람이라면 그것을 가장 잘 활용할 수 있다. 그리고 이것은 네트워크를 이용하려는 사람이면 누구나 가지고 있는 능력이기도 하다. 우편요금도 대개는 저렴하다. 우편 시스템의 이용은 펜과 종이 때문에 약간의 제한이 있고, 쓰기 능력 여하에 따라 더 제한을 받기도 한다. 하지만 글을 쓸 줄 모르는 사람도 편지에 쓸 말을 대신 적어줄 친구나 이웃이 있으면 우편 서비스를 이용할 수 있고, 원한다면 녹음테이프를 보낼 수도 있다.

그러나 고속도로 시스템은 운전할 줄 아는 사람 모두에게 동등하게 제공되는 것이 아니다. 전화망과 우편망은 그것을 이용하려는 사람 모두에게 도움을 주기 위해 존재하지만, 고속도로 시스템은 주로 개인용 차량에 부속된 시설로 기능한다. 전자는 진짜 공공시설이지만, 후자는 자가용, 트럭 및 버스 소유자들에게만 봉사하는 공공 서비스이다. 공공시설은 사람들을 연결해주기 위해 존재한다. 하지만 고속도로는 제도 스펙트럼의 오른쪽에 있는 것들과 마찬가지로, 다른 생산품을 위해 존재한다. 앞에서 이미 지적했듯이, 자동차 제조업체들은 자동차만 생산하는 것이 아니라 자동차에 대한 수요도 **생산한다**. 그들은 또한 다차선 고속도로, 교량, 유전에 대한 수요까지 **생산한다**. 개인용 자동차는 오른쪽 제도군(群)의 중핵을 이룬다. 각 요소의 높은 비용은 기본 생산품을 복잡하게 꾸미는 데서 발생하며, 따라서 기본 생산품을 판다는 것은 이 전체 패키지에 사회를 '낚이게' 하는 것을 의미한다.

고속도로 시스템을 진짜 공공시설로 설계하면, 속도와 개인적 편안함에 운송의 주된 가치를 두는 사람은 불리해질 것이고, 기동성과 목적지 도착에 가치를 두는 사람에게는 이익이 될 것이다. 이것은 최대한 많은 사람이 이용할 수 있도록 확대된 네트워크와, 특정 영역에 대한 특권적 접근만 허용하는 네트워크의 차이이다.

개발도상국은 이런 현대 제도의 질을 평가할 수 있는 시금석 역할을 해준다. 아주 가난한 나라들의 도로들은 대개 차축이 높은 차에 식료품, 가축, 사람들을 다 싣고 다닐 수 있게 되어 있다. 이 나라들에서는 모든 지역을 커버하는 거미줄 모양의 소도로들을 내는 데 주어진 자원을 써야 한다. 또한 수입하는 차종도 저속으로 모든 길을 다닐 수 있는 내구성 있는 2~3개 모델로 제한해야 한다. 이렇게 하면 차량 정비나 부품 비축도 간편해질 것이고, 차량의 24시간 운행도 가능해질 것이며, 모든 시민이 최적의 기동성과 목적지 선택의 기회를 누릴 수 있을 것이다. 이것을 위해서는 최초의 포드 모델인 T-모델처럼 단순한 범용 차량의 제작이 필요하다. 내구성을 확보하기 위해 가장 최신의 합금을 사용해야 하고, 시속 25킬로미터를 넘지 못하도록 속도 제한장치를 장착해야 하며, 아무리 험한 지형도 문제없이 달릴 수 있도록 튼튼해야 한다. 그러나 그런 차량은 수요가 없기에 시장에 존재하지 않는다. 당연히 이런 수요는 육성해야 하는데, 그것은 엄격한 법의 보호에 의해서만 가능하다. 지금은 그러한 수요가 조금이라도 생기는 즉시 전 세계에 자동차를 판매하려는 이들의 반대 캠페인에 의해 묵살될 것이다. 이 자동차들을 팔아야만 미국에서처럼 초고속도로 건설에 필요한 자금을 납세자로부터 뜯어낼 수 있기 때문이다.

운송 체계를 개선한다는 명목으로 모든 나라와 심지어 가장 가난한 나라까지도 고속도로 시스템을 계획하고 있지만, 그것은 엘리트 계층의 소비자와 물류 속도를 따지는 소수 생산자가 소유한 승용차와 고속 트레일러들에 맞춰 설계된다. 또한 이러한 접근법은 가난한 나라에서 가장 귀중한 자원으로 여기는 의사, 장학사, 공무원의 시간을 절약해준다는 명분으로 합리화된다. 그리고 당연한 일이지만, 이들은 자동차를 가지고 있거나 조만간 가지게 될 같은 부류 사람들에게 거의 전적으로 봉사한다. 국민

세금과 부족한 외화가 **가짜 공공시설**에 낭비되고 있는 것이다.

가난한 나라에 도입된 '현대' 기술은 크게 세 가지 범주로 분류할 수 있다. 상품, 상품을 만드는 공장, 그리고 서비스 제도이다. 이것들 중에서 사람들을 현대의 생산자와 소비자로 바꾸는 것은 서비스 제도이며, 그중에서도 특히 학교다. 대부분의 나라에서 국가 예산의 가장 큰 몫은 학교에 쓰인다. 학교는 졸업생들을 배출하고, 그렇게 배출된 졸업생들은 산업용 발전소, 포장도로, 현대식 병원, 공항과 같은 과시적 시설들에 대한 수요를 만들어낸다. 이러한 것들은 다시 부유한 나라에 맞게 생산된 상품들을 위한 시장을 형성하며, 더 시간이 지나면 그런 상품을 직접 생산하기 위해 노후화된 공장 설비를 수입하는 경향을 띤다.

모든 '가짜 공공시설' 중에서도 가장 교묘한 것이 학교이다. 고속도로 시스템은 자동차에 대한 수요만을 일으키지만, 학교는 스펙트럼의 오른쪽 끝에 몰려 있는 현대 제도 전체에 대한 수요를 창출한다. 고속도로의 필요성에 대해 의문을 제기하는 사람은 낭만적이라는 소리를 듣는 것으로 끝나지만, 학교의 필요성에 대해 의심하는 사람은 곧바로 매몰차다거나 제국주의자라는 공격을 받는다.

가짜 공공시설로서의 학교

고속도로가 그렇듯이 학교는 언뜻 보기에 누구에게나 평등하게 열려 있다는 인상을 준다. 그러나 실제로 학교는 졸업장이라는 '자격증'을 끊임없이 갱신하려는 사람들에게만 열려 있다. 마치 고속도로가 사람들을 이동시키려면 현재 수준의 연간 비용이 필수적이라는 인상을 주는 것처럼, 학교는 현대 기술사회에서 요구하는 능력을 획득하는 데 필수적인 것처럼 여겨진다. 그러나 우리는 고속도로가 사적 이동수단에 딸린 부속물이라는 점을 지적함으로써 가짜 공공시설임을 폭로했다. 학교도 그것과 마찬가지로 배움이란 것이 교육과정에 따라 가르침을 제공한 결과라는 똑같이 거짓된 가정에 기반을 두고 있다.

고속도로는 인간이 가진 이동의 욕구와 필요성을 자동차에 대한 수요로 왜곡한 데서 나온 결과이다. 마찬가지로 학교는 성장과 배움을 추구하는 인간의 자연적 성향을 교육에 대한 수요로 왜곡한다. 타인이 만들어내는 인간 성장을 원하는 수요는 제조된 상품에 대한 수요보다 더욱더 자발적인 활동의 의욕을 상실케 한다. 학교는 고속도로와 자동차보다 더 오른쪽에 있을 뿐만 아니라, 구금시설들 전체가 자리하고 있는 제도 스펙트럼의 가장 끝자리에 위치한다. 심지어 전사자 수의 산출자도 인간의 신체만을 죽이는 데 반해, 학교는 사람들로 하여금 자신의 성장에 대한 책임을 방기하게 만듦으로써 많은 사람을 일종의 정신적 자살로 내몬다.

고속도로는 그것을 이용하는 사람들에게 비용 일부를 부담시킨다. 즉 통행료와 유류세를 부담하는 사람은 운전자들뿐이다. 반면에 학교는 완벽한 역진세제로서, 특권을 가진 졸업생들로 하여금 세금을 내는 전체 대중의 등에 올라타게 하는 제도이다. 학교는 학생 하나가 진급할 때마다 모두에게서 인두세를 걷는다. 그와 달리 고속도로를 덜 이용한다고 해서 학교교육을 덜 받은 것만큼 큰 대가를 치르지는 않는다. 로스앤젤레스에서 차가 없는 사람은 거의 움직일 수 없지만, 어떤 식으로든 직장에 도착할 수만 있다면 직업을 얻고 유지할 수 있다. 반면에 학교 중퇴자에게는 다른 대안이 없다. 신형 링컨차를 소유한 교외 거주자와 낡은 구식차를 모는 그의 사촌에게는, 비록 차 가격은 30배 이상 차이가 날지언정 고속도로를 이용할 기회는 본질적으로 동일하게 주어진다. 하지만 한 사람에게 매겨지는 학교교육의 가치는 그가 마친 수학 연한 및 학교에 들인 비용과 함수관계에 있다. 법은 아무에게도 운전을 강요하지 않지만, 학교 다니는 것은 누구에게나 강요한다.

기존 제도들을 스펙트럼의 좌우 연속선상에 놓고 분석함으로써 나는 근본적인 사회 변화란 제도에 대한 의식의 변화에서 시작되어야 한다는 나의 믿음을 뚜렷이 할 수 있었고, 우리가 살아갈 미래의 모습이 왜 제도적 양식의 회복에 달려 있는지 설명할 수 있었다.

프랑스혁명 이후 시대마다 각기 다른 제도들이 탄생했지만, 이 모든 제도들은 1960년대가 되면서 동시에 노년기를 맞고 있다. 토머스 제퍼슨 시대와 아타튀르크(케말 파샤) 재임 때 만들어진 공립학교 제도 역시 2차 세계대전 이후 출범한 다른 제도들처럼 관료적이고 자기 옹호적이며 조작적인 것으로 변했다. 사회보장제도, 노동조합, 주류 종교, 외교기관, 노인복지제도 및 장례 서비스도 마찬가지이다.

예를 들어 콜롬비아, 영국, 소련 및 미국의 학교 시스템들은 1890년대 말의 미국 학교가 오늘날의 학교나 당시의 러시아 학교와 비슷했던 것보다 훨씬 더 닮아 있다. 오늘날의 학교는 모두 의무화되어 있고, 무제한적이며, 경쟁적이다. 의료, 상품구매, 인사관리, 정치생활도 동일한 제도적 유형으로 수렴되는 현상이 나타나고 있다. 즉 이 모든 제도적 과정이 스펙트럼 오른쪽 끝의 조작적 제도로 몰려들고 있는 것이다.

관료 체제가 세계적으로 동일해지는 현상도 이런 제도들의 유사성에 기인한 바 크다. 코스타리카나 아프가니스탄의 교육위원회들마저 교육방식, 성적제도, 교육용품(교과서에서 컴퓨터에 이르기까지)을 계획하는 데 있어 그 기준을 서유럽 모델에 두고 있다.

세계 어디서나 이 관료제들은 모두 같은 임무에 집중하고 있는 것처럼 보인다. 즉 스펙트럼 오른쪽에 있는 제도의 성장을 촉진하는 임무이다. 그들은 무언가를 만들고, 의례의 규칙을 제정하고, '행정적 진리'를 만들거나 재설정하는 데 관심이 있다. '행정적 진리'란 그들이 생산한 제품에 얼마만큼의 현재 가치를 부여할지 결정하는 이데올로기 또는 명령을 말한다. 기술은 사회 오른쪽에서 이러한 관료제에 점점 더 많은 권력을 부여한다. 반면 사회 왼쪽은 쇠퇴하는 것처럼 보이는데, 그것은 기술이 인간 활동의 범위를 확장할 수 없거나 개인에게 상상력과 창의력을 발휘할 여지를 제공할 수 없어서가 아니라, 그러한 기술의 사용이 엘리트의 권력을 강화해주지 않기 때문이다. 가령 우체국장은 편지의 내용을 통제할 수 없으며, 전화교환수나 벨 전화회사 임원은 간통이나 암살이나 정부 전복 계획이 전화 회선을 통해 이루어진다고 해도 그것을 막을 권한이 없다.

제도 스펙트럼 중에서 오른쪽을 선택할 것인지 왼쪽을 선택할 것인지는 인간 삶의 성격이 걸린 중요한 문제이다. 우리는 물질의 부자가 될 것인지, 아니면 그것을 사용할 자유를 누릴 것인지 선택해야 한다. 다시 말해서 기존 생활양식을 대체할 새로운 생활양식에 따라 살 것인지, 기존 양식과 연관된 생산 스케줄에 따라 살 것인지 선택해야 한다.

아리스토텔레스는 일찍이 '제작'(making)과 '활동'(acting)이 서로 다를뿐더러 너무나 상이한 것들이어서 사실상 한쪽이 다른 쪽을 포함할 수 없음을 깨달았다. "활동은 제작의 하나가 아니고, 제작도 실로 활동의 하나가 아니다. 건축[술]은 제작의 한 방법이라고 할 수 있다. (…) 무엇인가를 만들어내는 일은 그 원천이 제작자에게 있는 것이지 사물에 있는 것이 아니다. 제작은 언제나 그 자체가 아닌 것에 목적을 두지만, 활동은 그렇지 않다. 왜냐하면 선한 활동은 그 자체가 목적이기 때문이다. 제작상의 완성은 하나의 예술이고, 활동의 완성은 하나의 덕이다."[34] 아리스토텔레스가 여기서 제작의 뜻으로 사용한 말은 '포이에시스'(*poiesis*)이고, 활동 또는 실천의 뜻으로 사용한 말은 '프락시스'(*praxis*)이다. 제도 스펙트럼의 오른쪽으로 이동한다는 것은 '제작' 능력을 향상시키기 위해 주어진 제도를 재편하는 것을 의미하고, 왼쪽으로 이동한다는 것은 '활동'이나 '프락시스'를 증대할 수 있도록 제도를 재구축하는 것을 의미한다.

현대 기술은 인간 능력을 향상시킴으로써 물품의 제작을 기계에 위임하고 활동을 위한 시간적 여유를 가질 수 있도록 해주었다. 생활필수품을 '제작'하는 일에 시간을 빼앗기지 않게 만들어준 것이다. 이러한 현대화의 결과가 바로 실업(失業)이다. 즉 '제작'할 것이 아무것도 없고 '할' 일이 무엇인지—즉 어떻게 '활

---

34 (원주) 아리스토텔레스, 『니코마코스 윤리학』, 1140.

동'해야 하는지 모르는 사람이 처해 있는 태만한 상태가 실업이다. 따라서 아리스토텔레스와는 반대로, 무엇인가를 만들고 일하는 것이 미덕이고 태만은 악덕이라고 믿는 사람에게 실업은 고통스러운 것이다. 즉 실업이란 근면함만이 미덕이라고 하는 프로테스탄트 윤리에 순종하는 사람에게만 생길 수 있는 상태인 것이다. 막스 베버에 따르면 여가는 일할 수 있는 사람이 필요로 하는 것이지만, 아리스토텔레스의 경우에는 여가를 누리는 사람이 할 수 있는 활동이 일인 것이다.

기술은 인간에게 제작을 위한 시간과 활동을 위한 시간을 재량껏 선택할 수 있게 해주었다. 슬픈 실업과 즐거운 여가 중 어느 것을 선택할지는 지금 모든 문화에 열려 있다. 그것은 한 문화가 어떤 제도적 양식을 선택하는가에 달려 있다. 이런 선택은 농노나 노예제에 기초한 고대 문화에서는 생각할 수도 없는 것이었지만, 산업화 이후의 인간에게는 피할 수 없는 일이 되었다.

가용 시간을 쓰는 한 가지 방법은, 소비재 수요와 함께 서비스 생산물에 대한 수요가 증가되도록 자극하는 것이다. 소비재 수요를 자극한다는 말은 만들고, 소비하고, 낭비하고, 재활용할 수 있는 끊임없이 새로운 물품들의 목록을 점점 더 많이 제공하는 경제로 나아간다는 뜻이다. 서비스 수요를 자극한다는 말은 덕성 있는 활동마저도 '서비스' 제도의 생산물로 '제작'될 수 있게 한다는 뜻이다. 이런 시도는 학교교육을 배움과 동일시하고, 의료서비스를 건강과 동일시하며, TV 시청을 오락과 동일시하고, 속도를 효과적인 이동과 동일시하게 만든다. 이런 선택지를 오늘날에는 '발전'이라는 이름으로 부른다.

이 선택지와는 다르게 가용 시간을 쓰는 근본적 대안은 일정한 한도 내에서 좀 더 내구성 있는 상품들을 생산하고, 인간들 사이의 상호작용 기회와 가치를 늘릴 수 있는 제도를 도입하는 것이다. 내구재 상품을 생산하는 경제는 상품을 계획적으로 노후화시키는 경제와는 반대되는 것이다. 내구재 상품 경제는 상품 목록을 제한한다. 상품은 그것을 가지고 무언가를 '하기 위한' 기회를 최대한 제공하는 것이어야 한다. 즉 스스로 조립하고, 스스로 돕고, 재사용하고, 수선할 수 있는 것이어야 한다.

내구성 있고 수선 가능하며 재사용할 수 있는 상품의 공급은 제도적으로 생산되는 서비스를 늘리는 것으로는 가능하지 않다. 그보다는 스스로 행동하고 참여하고 돕는 방법을 지속적으로 가르쳐주는 제도적 장치가 필요하다. 우리 사회가 현 상태—곧 모든 제도가 후기산업적 관료제로 빨려드는 사회—로부터 탈산업화된 공생적 미래—곧 활동의 밀도가 생산을 능가하는 사회—로 이행하기 위해서는 서비스 제도의 혁신, 그중에서도 무엇보다 교육 제도의 혁신에 착수해야만 한다. 바람직하고 실현 가능한 미래는 우리가 얼마만큼이나 우리의 기술적 노하우를 공생적 제도를 성장시키는 데 투자할 수 있는가에 달려 있다. 교육 분야

에 있어서는, 현재의 경향을 역전시키려는 의지가 얼마나 큰가
에 달려 있을 것이다.

제5장

부조리한 일관성

〰️

Irrational Consistencies

나는 오늘날의 교육 위기가 교육을 시행하는 데 사용되는 방법보다는 학습을 공적으로 강제할 수 있다는 생각 자체를 먼저 검토하도록 요구하고 있다고 믿는다. 중도탈락자의 비율—특히 중학생과 초등교사의 탈락률—은 우리에게 완전히 새로운 시각이 필요하다는 것을 알려준다. 자신을 자유주의적 교사라고 생각하는 '현장 교사'는 사방에서 점점 더 많은 공격을 받고 있다. 훈육을 세뇌와 혼동하는 자유학교 운동은 그런 교사를 파괴적인 권위주의자인 것처럼 그린다. 또 교육 공학자들은 교사의 역량이 학생의 행동을 측정하고 변화시키는 데 열등하다는 것을 끊임없이 입증하려 한다. 그리고 그가 일하는 학교의 이사회는 강제적 학습이 자유주의적 사업이 될 수 없음을 분명히 인지시킴으로써, 교사로 하여금 서머힐 학교[35]와 스키너[36]를 우러러 보지 않을 수 없게 한다. 따라서 이런 교사들의 퇴직률이 학생보다 높은 것은 놀랄 일이 아니다.

젊은이들을 강제로 교육시킬 수 있다는 미국의 약속은 베트남 사람들을 강제로 민주화할 수 있다는 가짜 약속만큼이나 헛된 것으로 지금 드러나고 있다. 전통적인 학교로는 분명코 그렇게 할 수 없다. 자유학교 운동이 관습에 물들지 않은 교사를 유혹하고는 있지만, 이 운동 역시 궁극적으로는 학교교육이라는 전통적 이데올로기를 여전히 지지한다. 그리고 교육 공학자들은 그들의 연구 개발에 적절한 자금을 지원해주기만 한다면 강제 학습에 저항하는 청소년들에 대해 결정적 해결책을 제시할 수 있다고 약속하고 있지만, 이 약속은 군사 기술자들의 약속만큼이나 허풍에 찬 알맹이 없는 얘기로 들릴 뿐이다.

미국 학교 시스템에 대한 행동주의 심리학자들의 비판과, 새로운 유형의 급진적 교육자들이 가하는 비판은 근본적으로 상반되어 보인다. 행동주의자들은 '개인 맞춤의 학습 패키지를 통한 자기목적적인 학습'을 도입하는 쪽에 교육 연구의 방향을 맞추

---

35 Summerhill School. 1921년 영국에서 비형식적 자율 교육을 목표로 설립된 사립학교. 수업 출석을 학생 자유에 맡기고, 학교 규칙도 교사와 학생이 함께 정하는 등 학생의 자발적 활동을 존중하는 교육철학을 실천했다.

36 Burrhus Skinner(1904~1990). 행동주의 심리학의 창시자. 인간 행동을 자극-반응의 관계로 설명하면서 처벌보다는 보상이 행동 교정에 효과가 있음을 밝혀냈다.

고 있다. 이 방식은 성인의 감독 하에 만들어진 해방적 공동체에 젊은이들이 자발적으로 들어오게끔 유도하는 방식과 충돌한다. 하지만 역사적 관점에서 볼 때 두 가지는 외견상으로만 서로 상반될 뿐 실제로는 상호보완적인, 공립학교 체제가 가진 목적의 현대적 표현들이다. 20세기 초부터 학교는 한편으로는 사회적 통제의 옹호자인 동시에, 다른 한편으로는 자유로운 협력의 옹호자였기 때문이다. 즉 두 방식 모두 고도로 조직화되고 원활하게 작동하는 기업 구조를 의미하는 '좋은 사회'에 봉사한다는 점에서는 다를 바 없다. 강도 높은 도시화의 영향으로 아이들은 학교에서 성형되어 산업 기계에 투입되는 자연자원이 되었다. 진보 정치와 효율성 숭배가 서로 만나 미국 공립학교의 성장을 도운 것이다.[37] 직업 상담과 중학교 과정은 이런 사고방식의 중요한 두 결과물이다.

따라서 학생의 행동에서 측정할 수 있고 관리자가 책임질 수 있는 종류의 변화를 일어나게 하려는 시도는 동전의 앞면에 불과할 뿐, 뒷면에서는 특별히 고안된 격리장소에서 새로운 세대를 길들여 장년들이 보여주는 꿈의 세계로 그들을 끌어들이고 있는 것이다. 이런 사회적 길들임에 대해서는 존 듀이가 잘 대변한 바 있다. 듀이는 "우리의 학교 각각을 배아 상태의 공동체 생

37　(원주) Joel Spring, *Education and the Rise of the Corporate State*, Cuaderno No. 50, CIDOC, Cuernavaca, Mexico, 1971 참조.

활로 만들어서, 더 큰 사회의 생활을 반영하는 여러 유형의 직업들을 꿈틀거리게 하고, 예술과 역사와 과학의 **정신**이 그 안에 **침투하게 되기를**" 원했다. 이러한 역사적 관점에서 보면 기존의 학교, 교육 공학자, 자유학교 사이에서 현재 벌어지고 있는 삼파전 논쟁을 교육 혁명의 서곡으로 해석하는 것은 큰 오류일 것이다. 오히려 이 논쟁은 기존의 낡은 꿈을 현실화하고 마침내 모든 가치 있는 배움을 전문적 가르침의 결과로 만들려는 시도의 한 단계를 보여준다. 지금까지 제안된 대부분의 교육적 대안은 미국식 시스템 안에 들어감으로써 개인의 욕구를 충족시키는, 그런 순응적 인간의 생산이라는 목표로 수렴된다. 즉 그 대안들은 내가 '학교화된 사회'라고 부르는 것을 향상시키는 데 방향을 맞추고 있는 것이다. 심지어 학교 체제의 급진적 비판자로 보이는 이들조차 젊은이들, 특히 가난한 젊은이들을 가르칠 의무가 있다는 생각을 버리려 하지 않는다. 이 의무란, 사랑에 의해서든 협박에 의해서든 아이들을 길들여서 생산자 및 소비자로 훈련시키고, 경제 성장을 최우선으로 하는 이데올로기에 헌신하는 사회로 집어넣는 것을 말한다.

이처럼 교육 방식에 대한 의견 차이는 학교라는 개념 자체에 내재된 모순을 가릴 뿐이다. 기존의 교사노조, 교육 공학자들, 교육 해방운동은 모두 학교화된 세계의 기본 공리를 사회 전체가 신봉하도록 돕고 있는 셈이다. 마찬가지로 많은 평화운동과 저항운동 역시 그 지지자들이 흑인이든 여성이든 청년이든 가난한 사람이든 상관없이 국민총생산(GDP)의 증대를 통해 정의를 추구하라고 강조하는 점에서는 다를 바가 없다.

현재 교육 분야에서 아무런 의심 없이 통용되는 교리 몇 가지를 열거하기는 어렵지 않다. 첫째는, 교사 앞에서 학생이 습득한 행동은 특별한 가치를 지니며 사회에도 특별한 이익이 된다는 믿음이다. 이 믿음은 사회적 인간이란 어렸을 때만 만들어질 수 있고, 학교라는 자궁에서 숙성되어야만 제대로 된 인간으로 태어날 수 있다는 두 번째 교리로 이어진다. 어떤 사람은 이 과정이 너그럽고 원만하게 처리되기를 바라고, 다른 사람은 이 과정에 각종 도구를 박아 넣기를 원하며, 또 다른 사람은 자유주의적 전통으로 광택을 내기를 바란다. 마지막 교리는, 젊은이들이 심리적으로는 낭만적이고 정치적으로는 보수적이라고 보는 견해이다. 이 견해에 따르면 사회 변화란 젊은이들에게 사회를 바꿀 책임을 지움으로써만 가능한데, 그런 책임을 지우려면 어쨌든 학교를 최종적으로 마친 후에만 가능하다고 한다. 이상의 교리들에 기초한 사회에서는 새로운 세대를 교육해야 한다는 책임감을 쉽게 강화할 수 있다. 그러나 그것은 불가피하게도, 어떤 사람이 다른 사람의 개인적 목표를 선택하고 결정하고 평가해도 괜찮다는 것을 의미할 수밖에 없다.

'가상의 중국 백과사전 중 한 구절'이라는 글에서 호르헤 루이스 보르헤스는 그러한 시도가 필히 일으킬 수밖에 없는 당혹감에 대해 지적하려 한다. 그는 동물이 "(a) 황제의 소유인 동물들, (b) 미라로 방부처리된 동물들, (c) 길들여진 동물들, (d) 젖을 빠는 돼지, (e) 인어, (f) 전설의 동물들, (g) 떠돌이 개들, (h) 이 분류에 포함되는 동물들, (i) 미친 듯 날뛰는 동물들, (j) 헤아릴 수 없는 동물들, (k) 낙타털로 만든 섬세한 붓으로 그린 동물들, (l) 그 밖의 동물들, (m) 방금 항아리를 깬 동물들, (n) 멀리서 보면 파리로 보이는 동물들"로 분류된다고 한다. 그런데 이런 분류 방식은 그 방식이 누군가의 목적에 부합하지 않는 한 있을 수 없는 것이다. 나는 이 경우의 '누군가'란 세금 걷는 관원이었을 것이라고 생각한다. 적어도 그에게는 이러한 동물 분류가 의미가 있었음이 틀림없다. 교육 대상자에 대한 분류가 과학 저자들에게 의미가 있는 것처럼 말이다.

농부들은 그런 불가사의한 논리로 가축의 가치를 평가할 권한을 가진 사람의 시각에 오싹한 무력감을 느꼈을 것이다. 같은 이유로, 학생들이 주어진 교육과정을 성실히 따를 때도 이런 무력감을 느낄 수 있다. 어쩌면 그들은 가상의 중국 농부보다 훨씬 더 두려움에 떨지 모른다. 왜냐하면 이런 불가사의한 낙인이 찍힐 곳은 가축이 아니라 그들이 살아가고자 하는 삶이기 때문이다.

보르헤스가 인용한 위 구절은 카프카와 아서 케스틀러가 묘

사했던 관료주의의 '부조리한 일관성'을 떠올리게 하는 점에서 흥미롭다. 그들이 그려낸 관료주의는 지극히 사악하지만 우리의 일상적 삶을 고스란히 보여주는 것이기도 했다. 부조리한 일관성은 서로를 방편으로 삼는 훈련된 착취 행위에 가담한 공범자들을 최면에 빠지게 한다. 그것은 관료주의적 행동이 만들어낸 논리이다. 나아가 그것은 교육 제도의 관리자가 책임을 지고 고객 행동을 변화시켜주기를 원하는 사회의 논리이기도 하다. 교사가 소비를 강제하는 교육 패키지의 가치를 높이려고 애쓰는 학생은, 보르헤스가 보여준 과세 방식에 자기 가축을 맞추려고 하는 중국 농부에 비교할 만하다.

미국 문화에서 치료에 대한 믿음이 승리를 거둔 것은 지난 두 세대 동안의 일이다. 그때부터 교사는 헌법에 명시된 천부적 자유와 평등을 누리려는 사람이라면 누구나 그 관리를 받아야 하는 치료사로 여겨지기 시작했다. 그 다음 단계로 이제 교사-치료사는 평생에 걸친 교육 치료를 제안하고 있다. 논쟁 대상이 되고 있는 것은 치료 **방식**뿐이다. 즉 성인도 계속 교실에 출석시키는 형태가 좋은가? 아니면 전자 장치의 황홀경에 빠지게 하는 것이 좋은가? 또는 주기적인 감수성 훈련은 어떨까? 어떤 방식이든, 교실 벽을 허물고 전체 문화를 학교로 바꾸는 일에 모든 교육자가 공모하고 있는 것이다.

교육의 미래에 대해 미국에서 벌어지고 있는 논쟁은, 수사와 소음 때문에 잘 보이지는 않지만 다른 공공정책 분야의 담론에 비해 훨씬 더 보수적인 상태에 머물러 있다. 외교 정책만 해도 일부 조직된 소수가 세계의 경찰이라는 미국의 역할을 포기해야 한다고 끊임없이 주장하고 있다. 경제 분야에서는 급진적 경제학자는 물론이고 덜 급진적인 교수들마저도 경제성장을 바람직한 목표로 삼는 것에 대해 의문을 제기하고 있다. 의료에서는 치료보다 예방을 중시해야 한다는 압력이 생겨나고 있고, 교통에서는 속도보다 이동성을 우선하자는 움직임이 일어나고 있다. 그러나 오로지 교육 분야에서만 사회의 근본적인 탈학교화를 요구하는 목소리가 여전히 뿔뿔이 흩어진 채 울리고 있다. 설득력 있는 주장과 성숙한 리더십의 부재로 인해 강제적 학습이라는 목적에 봉사하는 제도들의 폐지를 요구하지 못하고 있는 것이다. 사회를 근본적으로 탈학교화해야 한다는 주장은 아직 집단적 목소리를 형성하지 못하고 있는 형편이다. 제도적으로 계획된 모든 형태의 교육에 대해 12세에서 17세까지의 청소년들이 혼란스럽기는 해도 저항을 키우고 있는 이 시기에, 이것은 특히 놀라운 일이다.

교육 개혁자들은 교육 기관이 자신들이 패키지로 제시한 프로그램의 급수관 역할을 해줄 수 있다고 여전히 믿는다. 이 급수관이 교실의 모습을 취하고 있는지, TV 모양을 하고 있는지, '해방구'의 형태를 취하고 있는지는 내 논지와 관련이 없다. 또 공급된 패키지가 풍부한지 빈약한지, 뜨거운지 차가운지, 어렵지만 측정 가능한지(수학III처럼) 아예 측정 불가능한지(감성적 측면)도 마찬가지로 관련이 없다. 중요한 건 교육이라는 것이 교육자가 관리하는 제도적 과정의 결과로 이해되고 있다는 점이다. 교육자와 피교육자의 관계가 공급자-소비자 관계에 계속 머무는 한, 교육 연구는 돌고 도는 과정 안에 갇힐 것이다. 특정 종류의 사회과학이 더 많은 군사력의 필요성을 입증하는 데 이용되는 것처럼, 교육 연구도 더 많은 교육 패키지 상품이 필요하고 개별 고객에게 더욱 정확하게 그것을 전달할 필요가 있음을 보여주는 과학적 증거만 축적하는 데 그칠 것이다.

따라서 교육 혁명이 일어나려면 이중의 사고 전환이 필요하다. 첫째로는 연구의 방향을 처음부터 다시 잡아야 하고, 둘째로는 현재 일어나고 있는 대항문화가 지향해야 할 교육 양식에 대한 새로운 이해가 필요하다.

지금 교육 운영에 대한 연구는 물려받은 시스템—이제껏 한 번도 스스로 의문을 가져본 적이 없는 시스템—의 효율성을 극대화하는 데만 초점을 맞추고 있다. 그러나 이 시스템은 교육 패키지를 급수관처럼 공급해주는, 컴퓨터 같은 문법 구조(syntactic structure)를 가지고 있다. 이에 대한 대안은 교육 네트워크, 곧 각각의 학습자가 자신의 통제 하에 자율적으로 자원을 조합하는 망(網)이다. 이 대안적인 구조는 교육을 어떻게 운영할지 연구하는 데 있어 개념적 사각지대에 놓여 있었다. 우리의 연구가 여기에 초점을 맞춘다면, 진정한 과학혁명이 가능해질 것이다.

교육 연구에서 이러한 사각지대가 생겨난 것은 기술 관료의 통제를 기술 성장이라고 믿어온 이 사회의 문화적 편견 때문이다. 기술 관료의 입장에서는 각 개인에게 주어져 있는 환경을 더 많이 프로그램화할수록 그 환경의 가치를 높일 수 있다. 이런 세계에서는 감시자나 계획자가 관리할 수 있는 선택의 범위만이 이른바 '수혜자'가 선택할 수 있는 범위가 된다. 이곳에서 자유란 패키지로 묶은 상품 가운데서 하나를 선택할 자유를 말한다.

지금 일어나고 있는 대항문화는 자기증식적이고 더 엄격한 문법적 효율성보다는 의미론적 내용(semantic content)의 가치가 더 중요함을 보여주고 있다. 대항문화는 부를 생산하는 문법적 형식보다는 의미 자체가 가진 부를 더 중요하게 생각한다. 전문가의 가르침이라는 공인된 품질보다는 자기 선택 하에 이루어진 사적 만남에서 우연히 얻는 수확에 더 가치를 둔다. 제도적으로 고안된 가치를 넘어 뜻밖의 배움을 추구하는 이런 방향 전환은 기존의 질서를 뒤흔들 것이다. 그러기 위해서는 만남을 성사시켜주는 기술적 도구의 유용성과, 만남에서 일어나는 일들에 대한 기술 관료적 통제를 분리해서 생각할 필요가 있다.

우리의 현재 교육 제도는 교사의 목적에 봉사하는 것이다. 그러나 우리가 필요로 하는 문법적 관계망은 모든 사람이 배움을

통해 자신이 누구인지를 깨닫고 또 다른 사람의 배움에 기여할
수 있는 그런 형태여야 한다.

제6장

학습 네트워크

Learning Webs

앞장에서 나는 학교교육에 대하여 흔히 제기되고 있는 불만들을 살펴보았다. 그것은 최근의 카네기 위원회 보고서에도 잘 나타나 있다. 학교에 적을 둔 학생들이 졸업장을 얻기 위해 졸업장 가진 교사에게 복종하고는 있지만, 학생과 교사 모두 좌절에 빠져 있고, 좌절에 빠진 이유를 예산, 시간, 시설 등의 자원이 불충분한 탓으로 돌리고 있다는 것이다.

많은 사람들이 이런 상황을 보면서 과연 다른 방식의 배움을 상상하는 게 가능한지 묻곤 한다. 하지만 역설적이게도 이들에게 자신이 알고 있고 가치 있게 여기는 것을 어떻게 배웠는지 물어보면, 학교에서보다는 학교 밖에서 배운 게 더 많다고 쉽게 인정한다. 사실에 대한 그들의 지식, 삶과 일에 대한 그들의 이해는 TV 또는 책을 통해서 알게 된 우정이나 사랑에서 온 것이고, 친구의 사례나 거리에서 부딪힌 도전과제에서 배운 것이다. 또는 거리의 갱단에 신고식을 하거나, 병원, 신문사 편집실, 배관공 가게, 보험사무실 방문을 통해 그들이 아는 것을 배웠을 수도 있다. 학교교육의 대안은 사람들을 공부하게 '만드는' 새로운 시설에 공적 자원을 사용하는 것이 아니고, 인간과 환경 사이에 새로운 종류의 교육적 관계를 맺어주는 것이다. 이러한 관계를 발전시키기 위해서는 인간의 성장을 바라보는 태도, 배움에 이용되는 도구, 일상생활의 질과 구조가 동시에 달라져야만 한다.

성장을 바라보는 태도는 이미 변하고 있다. 이제는 누구도 학교 덕분에 컸다고 자랑하지 않는다. 지식산업 분야에서의 소비자 저항도 커지고 있다. 교사와 학생, 납세자와 고용주, 경제학자와 경찰 할 것 없이 많은 사람들이 더 이상 학교에 의존하려 하지 않는다. 그런데 이러한 실망에도 불구하고 사람들이 새로운 제도를 만들려고 하지 않은 까닭은 상상력이 부족해서가 아니다. 그보다는 적절한 언어를 갖고 있지 못하거나, 자기 이익이 어디에 있는지 깨닫지 못해서이다. 그들로서는 탈학교 사회가 어떤 곳인지, 학교가 해체된 사회의 교육 제도는 어떠해야 하는지 떠올리기가 쉽지 않다.

이 장에서 나는 학교의 전복이 어떻게 가능한지 보여주고자 한다. 즉 우리는 학생에게 공부할 시간과 의지를 가지라고 설득하거나 강요하는 교사 대신 자발적인 배움에 의존할 수 있다. 또한 교사를 통해 갖가지 교육 프로그램을 학습자에게 주입하는 대신, 세상과의 새로운 연결 기회를 제공할 수도 있다. 나는 학교교육과 자발적 배움을 구별하는 일반적 특징 몇 가지를 살펴보고, 여러 개인들뿐 아니라 기존의 많은 이익 집단들도 매력을 느낄 만한 교육 제도의 네 가지 범주에 대해 설명하고자 한다.

어디로도 통하지 않는 다리를 놓는 이유

우리는 학교를 정치적, 경제적 구조에 종속된 하나의 변수로 생각하는 경향이 있다. 그래서 우리가 정치 리더십의 성격을 바꾸거나 이 계급 또는 저 계급의 이익을 증진하거나 생산수단의 사적 소유를 공적 소유로 바꿀 수만 있다면, 그것에 맞춰 학교 체제 역시 바뀔 것이라고 가정한다. 그러나 학교에 대한 현재의 불만이 그 자체로 새로운 사회적 질서를 향한 변혁의 주요 동기가 될 수 있다고는 해도, 내가 여기서 제안하려는 교육 제도는 아직 존재하지 않는 사회를 위한 것이다. 이 같은 접근방식에 대해서는 뚜렷한 반론 하나가 제기될 수 있다. 즉 학교보다는 정치와 경제 체제를 먼저 변화시키는 데 초점을 맞추지 않고, 왜 어디로도 통하지 않는 다리를 놓으려 하는가라는 물음이다.

그러나 이 반론은 학교 체제 자체가 근본적으로 가지고 있는 정치 경제적 성격과, 학교 체제에 대한 효과적 도전이 가진 정치적 잠재력을 과소평가한 데서 나온 것이다. 본질적으로 학교는 정부나 시장 조직이 표명하는 어떤 이데올로기에도 좌우되지 않는다. 가족, 정당, 교회, 언론 등 여타의 기본 제도들은 나라마다 다를 수 있다. 하지만 학교 시스템은 어디에서나 동일한 구조를 가지며, 학교의 숨은 교육과정은 어디에서나 동일한 효과를 낸다. 학교는 어디에서나 예외 없이 이웃의 비전문적인 도움보다는 제도적 상품에 더 가치를 두는 소비자를 만들어낸다.

어디에서나 학교의 숨은 교육과정은 과학적 지식의 인도를 받는 관료제가 더 효율적이고 자애롭다는 신화를 시민들에게 믿게 한다. 어디에서나 이 교육과정은 생산이 증가하면 생활도 향상된다는 신화를 학생들에게 주입한다. 어디에서나 그것은 자기 파괴적인 서비스 소비 습관과 생산 활동을 소외시키는 습관을 조장하며, 제도에 대한 의존을 받아들이고 제도가 만들어낸 서열을 인정하도록 만든다. 교사가 아무리 정반대의 노력을 하고 어떤 이데올로기가 그 사회를 지배하고 있다 해도, 학교의 숨은 교육과정은 이 모든 것을 관철한다. 다시 말해서 학교는 그 나라가 전체주의 국가이든 민주주의 국가이든 사회주의 국가이든 상관없이, 또 크든 작든 부유하든 가난하든 상관없이, 모든 나라에서 기본적으로 유사하다. 학교 시스템의 이러한 유사성 때문에 우리는 신화가 표현되는 무수히 많은 방식에도 불구하고 신화의 내용과 생산양식과 사회적 통제 방식이 전 세계적으로 매우 유사하다는 사실을 인정하지 않을 수 없다.

이러한 동일성을 감안할 때, 학교가 종속변수라고 주장하는 것은 그 어떤 의미에서도 환상에 불과하다. 이것은 종래와 같은 사회 경제적 변화를 통해 학교 체제의 근본적 변화를 기대할 수 있다는 생각 또한 환상임을 의미한다. 나아가 이 환상은 소비 사회의 재생산 기관인 학교에 거의 도전할 수 없는 면죄부를 부여한다.

이 지점에서 중요하게 보아야 할 것이 중국의 사례이다. 3천 년 동안이나 중국은 학습 과정을 과거시험으로 얻은 특권과 완전히 분리함으로써 더 높은 수준의 학습을 보호했다. 하지만 중국 역시 열강이 되고 근대 국민국가가 되기 위해서는 학교교육이라는 국제 기준을 채택하지 않을 수 없었다. 문화대혁명이 사회 제도를 탈학교화한 최초의 성공 사례인지 아닌지는 나중에 가서야 밝혀질 것이다.

학교 제도와는 정반대되는 새로운 교육 제도의 창안은 아무리 단편적인 것일지라도 모든 국가에 조직되어 있는 이 보편적 현상의 가장 민감한 고리에 대한 위협이 될 것이다. 탈학교의 필요성을 명확히 깨닫지 못한 정치 계획은 결코 혁명적일 수 없다. 그런 정치 계획은 예전과 똑같은 것을 더 많이 요구하는 선동에 지나지 않는다. 따라서 현재의 주요 정치 계획들은 모두 다음과 같은 기준으로 평가되어야 한다. 즉 탈학교의 필요성을 얼마나 명확하게 언급하고 있는가? 그리고 그것이 목표로 하는 사회의 교육적 특징에 대해 얼마나 명확한 지침을 제시하고 있는가?

세계 시장의 지배와 강대국 정치에 대한 투쟁은 몇몇 가난한 지역사회나 가난한 나라의 힘을 넘어서는 일일 것이다. 그러나 이러한 허약함이야말로 한 사회가 가진 능력을 넘어서지 않고 그 교육 구조를 전복하기만 해도 사회를 해방시키는 것이 가능함을 보여주는 또 하나의 증거가 될 것이다.

새로운 교육 제도가 갖춰야 할 특징

좋은 교육 시스템은 세 가지 목적을 가져야 한다. 첫째, 배우기를 원하는 사람은 누구나 나이와 관계없이 필요한 자원에 접근할 수 있어야 한다. 둘째, 자신이 아는 것을 나누고자 하는 사람은 누구나 그에게서 배우고자 하는 사람을 만날 수 있어야 한다. 셋째, 공적으로 어떤 문제를 제기하려는 사람은 누구나 그 도전을 알릴 기회를 가져야 한다. 이러한 제도는 교육에 대한 헌법적 보장을 요구하는 것이기도 하다. 학습자는 의무화된 교육 과정을 따르도록 강요받거나, 자격증 내지 졸업장의 소유에 따른 차별을 받아들이도록 강요받아서는 안 된다. 대중 역시 역진세 등을 통해 수많은 교사와 건물을 갖춘 거대한 전문가 기구를 지원하도록 강요받아서는 안 된다. 실제로 이 기구는 전문직이 시장에 내놓고 싶어 하는 서비스의 범위 내로 대중의 학습 기회를 제한한다. 그와 달리 좋은 교육 시스템은 현대 기술을 이용해 표현의 자유, 집회의 자유, 보도의 자유를 더 널리 보장하고, 이런 자유를 교육에 충분히 활용하는 것이어야 한다.

학교는 다음과 같은 가정 위에 설계된 것이다. 즉 인생의 모든 것에는 비밀이 있고, 삶의 질은 이 비밀을 아는 것에 달려 있으며, 그 비밀은 오로지 순차적인 단계를 밟아야만 배울 수 있고, 교사들만이 그 비밀을 적절하게 밝혀줄 수 있다는 가정이다. 학교화된 정신을 가진 사람은 세상을 일정하게 분류된 패키지들의 피라미드로 보며, 적절한 가격표를 가진 사람들만이 그것에 접근할 수 있다고 생각한다. 새로운 교육 제도는 이 피라미드를 무너뜨릴 것이다. 그 목표는 학습자에게 배움에 접근할 수 있는 기회를 쉽게 열어주는 데 있다. 즉 학습자가 문을 통해 들어갈 수 없다면, 의회나 통제실에 나 있는 창문을 통해서라도 그 안을 들여다볼 수 있어야 한다. 나아가 이 새로운 제도는 학습자가 졸업장이나 출신에 관계없이 마음껏 이용할 수 있는 통로이자, 그의 시야에 있지 않은 동료, 연장자까지도 배움에 이용할 수 있는 열린 공간으로 기능해야 한다.

나는 네 개 혹은 세 개의 학습 경로 내지 학습 교류의 기회만 있으면 그것만으로도 진정한 배움에 필요한 모든 자원을 제공할 수 있다고 믿는다. 아이는 사물들로 이루어진 세계 안에서, 기술과 가치의 롤 모델이 되는 사람들에 둘러싸인 채 성장한다. 아이는 토론과 경쟁과 협력과 이해라는 도전 과제를 던져주는 친구를 만난다. 그리고 운이 좋으면 아이는 그를 진정으로 염려해주는 경험 많은 연장자의 반대나 비판에 부딪히기도 할 것이다. 사물, 모델, 친구, 연장자는 학습에 필요한 네 가지 자원이며, 그 각각은 모든 사람이 마음껏 그것들에 접근할 수 있도록 사람마다달리 제공될 필요가 있다. 이것을 위해서는 대중이 쉽게 이용할수 있고, 배움과 가르침에 동등한 기회를 열어줄 수 있도록 설계된 새로운 네트워크[38]가 필요하다.

예를 들어보자. TV와 녹음기에는 같은 수준의 기술이 사용된다. 모든 라틴아메리카 국가에는 TV가 들어와 있다. 볼리비아에서는 정부가 TV 방송국에 돈을 대고 있고, 1960년대 말 기준으로 4백만 시민에게 7천 대의 TV가 있다. 라틴아메리카 전역

---

38 (원주) 나는 네 가지 자원 각각에 접근하는 구체적 방법을 가리키는 말로 '네트워크'라는 단어보다는 '기회의 망'(opportunity web)이라는 표현을 사용하고자 한다. 불행히도 '네트워크'라는 말은 '교화나 지도나 오락의 목적으로 타인이 선택한 자료를 전달하는 경로'의 뜻으로 흔히 사용된다. 물론 그런 용법과 함께 서로 메시지를 주고받으려는 개인들이 주로 이용하는 전화서비스나 우편서비스에도 사용된다. 나는 서로를 연결시켜 주는 '망'의 기능을 나타내는 다른 말이 있기를 바란다. 즉 거미줄에 걸리듯 덫에 걸리는 것을 연상시키지 않고, 현행 용법 때문에 뜻을 왜곡시키지도 않으면서, 망의 구성 방식이 법적, 조직적, 기술적 측면을 포함한다는 사실을 알려주는 단어가 있으면 좋겠다. 그런 용어를 찾지 못했기에 나는 필요한 경우 '네트워크'라는 말을 교육 '망'의 동의어로 사용함으로써 보완을 하고자 한다.

에 TV를 보급하는 데 드는 돈이면 인구 5명 중 1명에게 녹음기를 줄 수 있다. 게다가 그 돈이면 녹음되지 않은 빈 테이프를 충분히 공급할 수 있고, 녹음된 테이프를 소장할 수 있는 도서관을 오지 마을까지 포함해 거의 무제한 설치할 수 있다.

이러한 녹음기의 네트워크는 당연히 현재의 TV 네트워크와는 근본적으로 다를 것이다. 그것은 글을 읽거나 못 읽는 것과 무관하게 사람들의 의견을 녹음하고 보관하고 보급하고 반복적으로 들려줌으로써 자유로운 표현의 기회를 제공할 수 있다. 이와 달리 TV에 대한 현재와 같은 투자는 정치인이나 교육자 같은 관료들에게 제도화된 프로그램을 대륙 전역에 퍼뜨릴 수 있는 권한을 부여한다. 즉 그들과 그 후원자들로 하여금 이 프로그램을 통해 사람들에게 유익하거나 사람들이 원하는 것이 무엇인지 마음대로 결정하게 해준다.

기술은 이처럼 자율성과 배움을 계발하는 데 이용될 수도 있고, 관료주의와 일방적 가르침을 확대하는 데 이용될 수도 있다.

네 가지 네트워크

새로운 교육 제도를 계획하는 일이 교장이나 총장의 행정적 목표, 또는 전문 교사의 수업 목표, 또는 어떤 임의적 집단의 학습 목표와 함께 시작되어야 하는 것은 아니다. 그것은 "무엇을 배워야 하는가"가 아니라 "학습자가 배움을 얻기 위해 어떤 종류의 사물과 사람을 만나고 싶어 하는가"라는 물음에서 출발해야 한다.

무언가를 배우고자 하는 사람은 정보도 필요하지만, 그 정보를 이용하는 것에 대한 누군가의 비판적 조언도 필요하다는 걸 안다. 정보는 사물들 속에 저장되어 있지만, 사람들 속에도 저장되어 있다는 것을 알기 때문이다. 좋은 교육 제도에서 사물에 접근하는 데는 학습자의 간단한 결심만 있으면 되지만, 정보를 가진 사람에게 접근할 때는 추가로 다른 사람의 동의가 필요하다. 배움의 경로가 두 가지인 것처럼 비판 역시 두 방향에서 올 수 있다. 하나는 동료로부터이고, 다른 하나는 연장자로부터이다. 즉 나의 관심과 직접적으로 일치하는 관심을 가진 동료 학습자로부터 올 수도 있고, 자신의 더 나은 경험을 기꺼이 나에게 나눠주려는 사람으로부터 올 수도 있다.

동료는 내게 질문을 던지는 상대가 될 수 있고, 재미있고 즐거운 (또는 힘든) 독서나 산책의 동반자가 될 수 있으며, 게임의 라이벌이 될 수도 있다. 연장자는 어떤 기술을 배울지, 어떤 방법을 사용할지, 어떤 친구와 함께할지에 대해 일러주는 조언자가 될 수 있다. 조언자는 동년배들 사이에서 올바른 질문이 나올 수 있도록 지도하고, 그렇게 찾은 답이 부적절할 때 그것을 지적해주는 역할을 한다. 이러한 자원들 대부분은 매우 풍부하게 주어져 있다. 하지만 지금까지는 교육 자원으로 여겨지지 않았고, 학습의 목적으로 쉽게 접근할 수도 없었으며, 가난한 이들의 경우에는 특히 그러했다. 따라서 우리는, 교육을 위해 이런 자원을 얻고자 하는 사람이라면 누구나 그것에 쉽게 접근할 수 있도록 신중하게 짠 새로운 관계 구조를 상상해야만 한다. 이런 거미줄 같은 구조를 만들기 위해서는 행정적, 기술적 정비가 필요하고, 특히 법적 정비가 필요하다.

교육 자원은 보통 교육자가 세운 교육과정상의 목표에 따라 분류된다. 그러나 나는 그것과 반대로, 학생이 자신의 목표를 세우고 달성하는 데 도움이 되는 교육 자원이라면 무엇이든 이용할 수 있게 해주는 네 가지 다른 경로를 제시하고자 한다.

1. 교육자료 참조 서비스

정식 학습에 필요한 물품이나 절차를 쉽게 이용할 수 있게 해주는 서비스이다. 이 자료들 가운데 일부는 도서관, 대여점, 실습실, 박물관 전시실, 극장 등에 보관해둘 수 있고, 기타의 것들은 공장, 공항, 농장 등에 비치하여 매일 이용하게 할 수 있다. 학생들은 실습생으로서 그것을 이용하거나 자유 시간에 이용할 수 있을 것이다.

2. 기술 교류

자신이 가진 기술을 배우고 싶어 하는 타인에게 기꺼이 모델이 되어 봉사하려는 이들에게 그 조건과 자신의 주소 등을 등록할 수 있게 해주는 서비스다.

3. 동료 연결

사람들이 함께 연구할 동료를 찾고 싶어 하는 경우, 그가 수행하려는 학습 활동을 설명하고 알리는 의사소통의 네트워크이다.

4. 전문 교육자 서비스

교육자 역할을 할 수 있는 사람은 주소와 함께 전문분야, 준전문분야, 프리랜서 여부 등에 대한 자술 기록을 올리고, 자신의 서비스를 이용할 수 있는 조건을 기재할 수 있다. 뒤에 설명하겠지만, 이들에 대한 선택은 이전 학생들에게 설문을 하거나 그들과 상담함으로써 가능하다.

교육자료 참조 서비스

사물은 학습을 위한 기본 자원이다. 어떤 사람이 사물에 대해 맺고 있는 관계와 환경의 질은 그가 얼마나 많이 우연하게 배울 수 있는가를 결정한다. 정식 학습을 위해서는 한편으로는 일상의 사물을 특별한 방식으로 접할 기회가 필요하지만, 또 한편으로는 교육 목적으로 특별히 만든 사물을 쉽고 자유롭게 이용하는 것도 필요하다. 전자의 예로는 차고에서 어떤 기계를 조작하거나 분해할 수 있는 특별한 권리를 들 수 있다. 후자의 예로는 주판, 컴퓨터, 책, 식물원, 생산이 중단된 기계 등을 학생이 자유롭게 이용하고 처리하는 것을 들 수 있다.

현재 우리는 사물에 접근하고 그로부터 배움을 얻는 데 있어 부유한 아이와 가난한 아이 사이의 격차가 점점 더 벌어지고 있다는 데 관심을 기울인다. 이에 따라 미국의 경제기회국(OEO)과 관련부처들도 빈곤층에 더 많은 교육 도구를 제공함으로써 기회를 균등하게 부여하는 데 집중하고 있다. 그러나 좀 더 근본적인 관점에서 보면, 도시의 부자 아이나 가난한 아이 모두 주변의 사물 대부분으로부터 인위적으로 격리되어 있음을 지적하지 않을 수 없다. 어디에나 플라스틱이 즐비하고 능률전문가들이 판치는 시대에 태어난 아이들은 그들의 이해를 가로막는 두가지 장벽을 돌파해야 한다. 하나는 사물들에 대해 세워진 장벽이고, 다른 하나는 제도 주변에 세워진 장벽이다. 산업 디자인은 그 본질을 파악하기 어려운 사물의 세계를 만들어내고 있고, 학교는 풍부한 의미들로 이루어진 사물의 세계로부터 학습자를 내쫓고 있다.

멕시코 마을에 사는 어떤 부인이 뉴욕을 단기 방문한 후 내게 와서는 "가게에서 너무나도 장식적인 물건들만을 파는 데 놀랐다"고 한 적이 있다. 그 부인은 산업 생산품이 소비자에게 말하고자 하는 바가 물건의 본질에 대한 것이 아니라 그 유혹에 대한 것임을 금세 알아차렸던 것이다. 이처럼 산업은 오로지 전문가들만이 그 내부 작동을 이해할 수 있는 인공물들에 우리를 둘러싸이게 만들었다. 비전문가들은 시계가 똑딱거리거나 전화벨이 울리거나 전동타자기가 작동하는 이유를 알아내려고 할 때마다, 그렇게 하면 고장이 날 것이라는 경고를 받고 낙담한다. 그는 트랜지스터라디오의 작동 원리에 대해 배우기는 하지만 스스로는 그것을 알 수 없다. 이런 형태의 디자인은 창의력을 잃은 사회를 만들기 쉽다. 그런 사회에서는 전문가들이 그들의 전문 지식 뒤에 숨어서 타인의 평가를 쉽게 회피할 수 있기 때문이다.

인공 환경은 원시인에게 자연이 그랬던 것처럼 점점 더 불가해한 것이 되고 있다. 그와 동시에 교육 도구마저도 학교의 독점 대상이 되고 있다. 간단한 교육용 교재가 지식 산업에 의해 값비싼 상품으로 포장되고 있는 것이다. 즉 그것들은 전문 교육자만이 사용할 수 있는 특수 도구가 되어, 그것을 쓰지 않을 수 없도록 교사와 교육 환경을 자극함으로써 가격을 높여왔다.

교사는 그의 전문적 도구인 교과서를 잃지 않으려고 노심초사한다. 하지만 학생은 실습실 근처에만 가도 지겨운 수업이 연상되기에 그것을 증오하는 방법만 배운다. 사서는 값비싼 공공기관 안에서 공부는 하지 않고 놀기만 하는 사람들로부터 도서관을 지킨다는 명목으로 열람실 이용과 도서 대출을 까다롭게 통제한다. 이런 분위기 때문에 학생 역시 교육과정이 요구하는 드문 경우에만 지도, 실습실, 백과사전, 현미경을 이용한다. 심지어 위대한 고전마저도 개인의 삶에 새로운 전환점이 되기는커녕 '대학 2년차' 교육과정의 일부가 되었다. 학교는 이 모든 것들에 교육 도구라는 라벨을 붙임으로써 그것들을 일상생활에서 제거한다.

탈학교 사회로 가기 위해서는 이 두 가지 추세를 역전시켜야 한다. 누구나 쉽게 물리적 환경에 접근할 수 있어야 하고, 교육용 도구로 축소된 물리적 학습 자원을 모든 독립적 학습자가 이용할 수 있게 해줘야 한다. 사물을 교육과정의 한 요소로만 이용하는 것은 그것을 일상 환경에서 제거하는 것보다 더 나쁜 영향을 미칠 수 있다. 그것은 배우려는 이의 태도까지 타락시킨다.

놀이가 그 본보기이다. 내가 여기서 '놀이'라고 하는 것은, 학교가 수입과 위신을 높이는 데 이용하고 상당한 자본을 투자하기까지 하는 (축구와 농구 같은) 체육 분야의 게임을 말하는 것이 아니다. 체육인 자신이 잘 알고 있듯이 전쟁 방식의 토너먼트로 치러지는 이 활동은 스포츠의 즐거움을 손상시키고, 종종 학교 교육의 경쟁적 성격을 강화하는 데 이용되어 왔다. 나는 그보다는 기존의 형식적인 교수법을 독특한 방법으로 무너뜨릴 수 있는 교육적 놀이를 생각하고 있다. 이런 놀이에 참여하는 사람들은 집합론, 언어학, 명제논리학, 기하학, 물리학, 심지어 화학까지도 아주 적은 노력만으로 이해할 수 있다.

나의 한 친구는 '우프 앤드 프루프'(Wff 'n Proof)라고 부르는 놀이를 가지고 멕시코의 한 시장에 간 적이 있다. 이 놀이는 12개의 논리학 기호가 새겨진 주사위 몇 개를 가지고 하는 게임이다. 친구는 아이들에게 두세 개 주사위를 조합해서 논리학에서 정형식(Well-formed formula, WFF)이라 부르는 올바른 문장을 구성하는 방법을 보여주었고, 한 시간도 안 돼서 아이들은 물론 구경꾼들까지도 그 원리를 귀납적으로 파악했다. 이렇게 몇 시간 동안 형식논리학적 증명을 하면서 즐겁게 노는 사이, 몇몇 아이들은 명제논리학의 기본 증명법을 다른 사람에게 가르쳐줄 수 있게 되었다. 다른 아이들은 바로 돌아갔지만 말이다.

실제로 어떤 아이들에게 이런 놀이는 일종의 교육적 해방을 의미한다. 왜냐하면 그것들은 공식 체계들이 교환 가능한 공리 위에 서 있고, 개념 조작이 게임과 다를 바 없는 성격을 가진다는 사실을 뚜렷이 인식할 수 있게 해주기 때문이다. 또한 이런 놀이는 간단하고 저렴하며, 그 상당 부분을 참여자 자신이 직접 구성할 수 있다. 교육과정 바깥에서 사용되는 그러한 게임은 범상치 않은 재능을 발견하고 개발할 기회를 제공한다. 반면에 학교 심리학자들은 흔히 이런 재능을 가진 아이들을 반사회적이거나 병적이거나 불균형한 사람이 될 위험성이 있다고 여긴다. 그러나 이런 놀이를 학교 안에서 토너먼트 형식으로 사용하게 되면, 그 놀이는 여가의 영역에서 멀어질 뿐 아니라, 즐거움을 경쟁으로 바꾸는 도구가 되거나 추상적 추리능력이 떨어지는 아이를 열등아로 단정하는 도구가 된다. 어떤 성격유형에게는 해방감을 주는 훈련이 다른 성격유형에게는 구속복이 되는 것이다.

교육 도구에 대한 학교의 통제는 다른 효과를 낳기도 한다. 값싼 교재들의 가격을 엄청나게 높이는 것이다. 이용시간을 정해서 교재 사용을 제한하면, 그것의 구입, 보관, 사용을 감독할 유급 전문가가 필요해진다. 그렇게 되면 학생들은 또다시 그런 교재들을 구비해야 한다는 것을 알고 학교에 분통을 터뜨릴 것이다.

현대의 쓰레기 기계들이 가진 불가해성 역시 교재의 불가침성과 평행을 이루는 요소다. 1930년대에는 자존심 높은 소년이라면 누구나 자동차 고치는 법을 알고 있었다. 그러나 지금의 자동차 제조업체는 배선을 몇 배 복잡하게 만들어 전문 기술자 아닌 사람은 손도 댈 수 없게 해놓았다. 예전에 쓰던 오래된 라디오에는 유도전류를 발생시키는 코일과 콘덴서가 충분히 들어 있어서, 피드백을 통해 이웃의 라디오 전부를 울리게 하는 송신기로도 쓸 수 있었다. 반면 트랜지스터라디오는 휴대하기 더 편리하지만 아무도 감히 그것을 분해하려 하지 않는다. 고도 산업화된 나라에서 이런 상황을 바꾸기는 매우 어려울 것이다. 그러나 적어도 제3세계에서는 그것들에 교육적 기능을 넣도록 요구할 수 있을 것이다.

나의 관점을 명확히 하기 위해 한 가지 모델을 제시한다. 페루 같은 나라에서는 1천만 달러만 투자하면 4만 개의 마을을 2미터 너비의 도로로 거미줄처럼 연결하고 유지 관리할 수 있으며, 각 마을에 평균 5대씩, 나라 전체에 20만 대의 삼륜 운반차를 보급할 수 있다. 그러나 이 정도 규모의 작은 나라조차 주로 부자와 그 고용인이 이용하는 자동차 및 도로에 매년 그 이상을 지출하고 있는 반면, 가난한 사람들은 마을 안에 발이 묶여 있다. 단순하지만 내구성이 뛰어난 소형 운반차의 가격은 125달러에 불과하고, 구동장치와 6마력짜리 엔진에 그 돈의 절반이 쓰인다. 이 '기계 당나귀'는 시속 25킬로미터로 달릴 수 있고, 400킬로그램의 화물(통나무나 강철 빔을 제외한 대부분의 물건)을 실을 수 있다.

이런 운송 시스템이 농부들에게 갖는 호소력은 명백하다. 마찬가지로, 권력이 있고 그리하여 자동으로 차를 가지게 된 이들이 그런 도로에 돈을 쓰거나 엔진 달린 당나귀들이 도로를 달리는 데 관심을 갖지 않는 이유 또한 명백하다. 이 기계 당나귀들이 널리 보급되어 제 역할을 하려면, 시속 40킬로미터의 속도 제한을 전국적으로 실시하고 거기 맞춰 공공시설을 재조정해야 하기 때문이다. 더구나 그런 조치가 임시방편에 불과하다면 그 모델은 작동하지 않을 것이다.

여기서 이 모델의 정치적, 사회적, 경제적, 재정적, 기술적 실현 가능성을 논할 수는 없다. 다만 나는 자본집약적인 운송수단을 대체할 대안을 찾는 경우, 교육적 고려가 가장 중요하다는 점을 지적하고자 한다. 소형 운반차의 대당 가격을 20퍼센트 가량 올리면, 모든 부품의 생산을 가능한 한 미래의 소유자에게 맡기는 방법도 가능해질 것이다. 즉 한두 달에 걸쳐 자신이 탈 차를 만들고 이해하고 나아가 수리할 수 있게 하는 것이다. 이 추가비용으로 각지에 공장을 세워 생산을 분산시키는 일도 가능할 것이다. 교육에 들어가는 비용을 제조 과정에 포함시킬 수 있다는 것만이 추가적인 이점은 아니다. 더 중요한 점은 이 내구성 있는 모터를 쓰면서 수리하는 방법도 배울 수 있고, 원리를 이해한 사람이 쟁기나 펌프용으로 그것을 이용함으로써 선진국의 불가해한 기계보다 훨씬 큰 교육적 이점을 얻을 수 있다는 것이다.

현대의 기계류뿐 아니라 현대 도시의 공공시설도 접근 불가능하게 된 것은 마찬가지다. 미국 사회에서 아이들은 사유 재산이라는 이유로 대부분의 사물과 장소에서 배제된다. 하지만 사적 소유를 폐지한 사회에서도 아이들이 그런 장소와 사물에서 배제되는 것은 동일하다. 왜냐하면 그것들은 전문가들만의 특수 영역이고 초심자에게는 위험한 영역으로 간주되기 때문이다. 한 세대가 지나는 동안 화물열차 야적장은 소방서처럼 접근할 수 없는 곳이 되었다. 그러나 약간의 상상력만 발휘하면 그런 곳에서도 안전을 확보하기는 어렵지 않을 것이다. 교육적 설비들을 탈학교화하려면 그 설비와 프로세스를 누구나 이용할 수 있게 해야 하며, 그 교육적 가치를 인식할 수 있게 해야 한다. 분명히 일부 작업자들은 학습자의 접근을 불편하게 여기겠지만, 그 불편함은 교육상의 이익으로 상계될 수 있다.

맨해튼에서는 자가용 운행을 금지할 수 있다. 5년 전만 해도 이것은 상상할 수 없는 일이었다. 지금 뉴욕의 특정 거리에서는 시간 단위로 이따금씩 승용차 운행이 통제되며, 이러한 추세는 앞으로도 이어질 것이다. 사실 대부분의 교차로에서 자동차 통행은 금지되어야 마땅하고, 주차는 어디서나 금지되어야 한다. 모든 사람에게 열린 도시에서는 창고와 실습실에 현재 갇혀 있는 교육 자료들을 자율적으로 운영되는 상점에 배포하여, 아이와 성인 모두 문턱에 걸려 넘어질 위험 없이 방문할 수 있게 해야 한다.

학습 목표가 더 이상 학교와 교사에 의해 통제되지 않는다면, 학습자를 위한 시장은 훨씬 다양해질 것이고 '교육자료'의 정의도 훨씬 넓어질 것이다. 공구점, 도서관, 실습실, 놀이방 모두가 그런 역할을 하게 될 것이다. 사진현상실과 오프셋 인쇄기를 이용해 마을신문도 마음껏 발행할 수 있을 것이다. 상점에 마련된 어떤 학습 센터에는 폐쇄회로 TV를 보기 위한 부스를 설치할 수도 있고, 다른 곳에는 사무용 기계를 설치해 그것을 사용하고 수리해보도록 할 수도 있다. 주크박스나 녹음재생기를 공공장소에 설치해서 어떤 곳에서는 클래식 음악을 전문적으로 들려주고, 다른 곳에서는 민속음악이나 재즈를 들려줄 수도 있을 것이다. 영화 클럽이 서로 경쟁을 하고, 상업 TV와 경쟁을 벌이는 것도 가능하다. 박물관 복도는 다양한 대도시 박물관들이 관리하는 오래되거나 새로운 예술품, 원본과 복제품을 순회 전시하는 네트워크로 이용할 수 있을 것이다.

이러한 네트워크에 필요한 전문 인력은 교사보다는 큐레이터, 박물관 안내인, 도서관 사서에 더 가까울 것이다. 그들은 길모퉁이의 생물학 전시 상점 앞에 서있는 고객을 박물관의 패류 전시실로 안내할 수 있고, 상영실에서 생물학 비디오를 언제 틀어주는지 알려줄 수 있다. 또한 그들은 해충 퇴치, 식이요법, 기타 예방의학에 대해 가르쳐줄 수 있는 안내자를 소개할 수도 있다. 조언이 필요한 사람을 조언을 해줄 수 있는 '연장자'에게 보낼 수도 있다.

'학습용 자료' 네트워크에 자금을 조달하는 방법으로는 두 가지를 생각해볼 수 있다. 지역공동체가 이 목적을 위해 최대한의 예산을 배정하고, 네트워크의 모든 장소들이 적절한 시간대에 맞춰 방문자에게 문을 열도록 조정할 수 있다. 또는 지역공동체에서 시민들의 연령대에 맞춰 제한된 자격을 부여하는 방법을 택할 수도 있다. 해당 연령대에게는 값이 비싸고 희소한 특정 교육 자료를 특별히 이용할 수 있는 권리를 주는 한편, 다른 사람에게는 누구나 이용할 수 있는 더 간단한 자료를 제공하는 방식이다.

    교육 목적으로 특별히 제작된 물품을 구입하기 위한 재원을 찾는 것은 교육 세계를 구축하는 데 있어 단 하나의, 아마도 가장 비용이 적게 드는 일일 것이다. 이제 학교 의례의 신성한 장식물에 지출되는 돈은 모든 시민이 도시의 실생활에 더 가까이 접근하는 데 쓰여야 한다. 가령 8세에서 14세까지의 아이들을 인도적인 노동 조건 하에서 하루 1~2시간 고용하는 사람에게는 세금감면 조치를 특별히 해줄 수도 있을 것이다. 우리는 유대교의 성인식이나 가톨릭의 견진성사 전통으로 돌아가야 한다. 여기서 내가 말하려는 것은, 먼저 청소년의 권리 박탈을 줄이고 결국에는 제거함으로써 12세 소년도 전적인 자기 책임 하에 지역공동체의 삶에 참여할 수 있도록 해줘야 한다는 것이다. 일부 '학령기' 아이들은 사회복지사나 지역구 의원보다 이웃에 대해 더 많이 알고 있다. 게다가 아이들은 더 당혹스런 질문을 던지고 관료주의를 위협하는 해법을 제시하기도 한다. 그들에 대한 나이 제한을 풀어서 그들이 지닌 지식과 사실 발굴 능력을 공공 정부의 서비스에 쓸 수 있게 해야 한다.

    최근까지 학교의 위험성은 경찰이나 소방서나 연예계의 견습생이 겪을 수 있는 위험성보다 쉽게 과소평가되었다. 학교를 미성년 보호시설로 정당화하기란 쉬운 일이었다. 그러나 이제 이런 주장은 더 이상 성립하기 어렵다. 나는 최근 할렘에 있는 감리교회에 방문한 적이 있다. 감옥에서 목을 맨 채 발견된 푸에르토리코 청년 홀리오 로단의 죽음에 항의하는 무장집단 '영 로드'(Young Lords)가 점거하고 있는 교회였다. 나는 쿠에르나바카에서 한 학기를 보낸 그 집단 지도부를 알고 있었다. 그들 가운데 한 명인 후안은 왜 참가하지 않았는지 물었더니, 그들은 그가 "마약에 취해 다시 주립대로 갔다"고 말했다.

물론 공장과 시설에 대한 우리 사회의 막대한 투자에 내재된 교육적 잠재력을 끌어내기 위해 계획, 특혜, 입법이라는 수단을 사용할 수는 있다. 그러나 기업이 헌법에 의한 사유 재산의 법적 보호와, 수백만 명의 고객, 수천 명의 종업원, 주주, 공급업체에게서 얻은 경제 권력을 겸하여 갖고 있는 한, 교육 도구에 대한 제한 없는 접근은 가능하지 않을 것이다. 이 세상에 존재하는 기술 대부분과 제조공정 및 설비의 대부분이 기업의 벽 뒤에 묶인 채 일반 대중은 물론이고 고객, 근로자, 주주마저 차단하고 있기 때문이다. 현재 자본주의 국가들에서 제너럴일렉트릭, NBC TV, 버드와이저 같은 회사들이 광고에 지출하고 있는 돈은 그 회사들 안에서 실시하는 교육으로 방향을 돌릴 수 있다. 이것은 공장과 사무실을 재조직하여 대중이 학습 활동을 위해 그 일상적 운영에 쉽게 접근하도록 해준다는 것을 의미한다. 그렇게 되면 사람들은 진심으로 회사에서 배운 것에 대한 대가를 다시 회사에 되돌려줄 방법을 찾아낼 것이다.

더 가치 있는 과학적 자료들과 정보들은 국가 안보라는 미명하에 일반인은 물론 자격을 가진 과학자들의 접근까지 막고 있는 실정이다. 최근까지 과학은 아나키스트적 이상을 구현하는 유일한 토론장이었다. 연구 능력이 있는 사람이면 누구나 동등하게 연구 도구를 이용할 기회와 동료 집단의 의견을 들을 기회가 있었다. 그러나 지금은 관료화와 조직화로 인해 과학의 많은 부분이 대중의 손이 닿지 않는 곳으로 멀어졌다. 한때 과학 정보의 국제적 네트워크로 이용되던 곳들마저 서로 경쟁하는 팀의 격투장으로 바뀌고 말았다. 과학 공동체의 구성원들과 도구 모두가 실질적 성과를 좇는 국가와 기업의 프로그램에 묶여, 국가와 기업을 떠받치는 이들을 근본적으로 피폐하게 만들고 있다.

국가와 기업이 세상을 통제하고 소유하는 한, 교육 자료들에 대한 접근은 늘 제한을 받을 것이다. 그러나 교육적 목적에 부합하는 자료들에 대한 접근을 어떻게든 늘릴 수만 있다면, 이러한 최후의 정치적 장벽을 충분히 돌파할 수 있는 통찰력을 얻을 수 있다. 학교는 교육 목적으로 사물을 이용하는 것에 대한 통제권을 개인의 손에서 전문가의 손으로 이전시킨다. 따라서 학교 제도의 전복은 교육 목적으로 학교를 이용할 권리를 개인의 손에 되돌려줄 수 있다. 이렇게 하여 '사물'의 교육적 측면에 대한 개인이나 사회의 통제가 사라지면, 진정한 형태의 공적 소유도 가능해지리라.

기술 교류

기타를 가르치는 교사는 기타와 달리 박물관에 전시할 수도 없고, 공공의 소유로 만들 수도 없으며, 교구 창고에서 빌려올 수도 없다. 기술(skill)을 가르치는 교사는 그 기술을 배우는 데 필요한 도구와는 다른 종류의 자원이다. 그렇다고 해서 이런 교사가 모든 경우에 꼭 있어야 한다고 말하는 것은 아니다. 나는 기타뿐 아니라 기타교습용 녹음테이프와 그림으로 된 운지법 책을 빌릴 수도 있고, 그것들을 가지고 기타 연주를 독학할 수도 있다. 실제로 이런 방법에는 장점이 있다. 녹음테이프가 교사보다 훌륭하거나, 기타를 연습할 유일한 시간이 밤 시간뿐이거나, 내가 배우려는 곡이 우리나라에는 알려져 있지 않은 곡이거나, 부끄러움이 많아서 혼자 공부하고 싶은 경우가 그러하다.

기술 교사를 목록에 올리고 접촉하는 일은 교육용 물품을 이용하는 것과는 다른 종류의 경로를 통해야 한다. 물품은 사용자 요청만 있으면 이용할 수 있고 허용될 가능성이 크지만, 사람을 정식으로 학습 자원으로 삼을 수 있는 것은 그가 그렇게 하기로 동의한 경우뿐이고, 시간, 장소, 방법 역시 그가 정한 대로 제한될 수 있다.

기술 교사는 또한 뭔가 배움을 주는 동료와도 구별된다. 공통의 과제를 수행하는 동료는 공통의 관심사와 능력을 가지고 출발한다. 즉 동료는 농구, 춤, 캠핑장 만들기, 다음 선거에 대한 토론처럼 같은 기능을 함께 연마하고 함께 향상시키는 존재이다. 반면 기술의 최초 전수가 이루어지려면 그 기술을 이미 가지고 있는 사람과, 아직 기술이 없지만 그것을 배우려는 사람이 만나야 한다.

'기술 모델'이란 기술을 가지고 있고 그 기술을 사용하는 법을 기꺼이 보여주려는 사람을 말한다. 이런 종류의 시범은 종종 학습자가 될 사람에게 필수적인 자원이 되곤 한다. 현대의 발명품들 덕분에 우리는 그 시범을 녹음테이프, 영상, 차트에 담아 전할 수 있게 되었다. 그러나 사람이 직접 시범하는 것을 원하는 이들이 여전히 큰 수요를 이루고 있고, 특히 언어소통 기술이 그러하다. 거의 1만 명의 성인이 스페인어를 배우기 위해 쿠에르나바카의 우리 센터를 거쳐 갔는데, 모두가 본고장 사람처럼 스페인어를 유창하게 말하고 싶은 의욕이 가득한 사람들이었다. 그들에게 다른 학생 둘과 그룹을 지어 어학실습실이나 반복 수업에서 세심하게 계획된 교습을 받는 것과, 스페인어를 모국어로 쓰는 사람에게서 엄격한 절차에 따라 배우는 것을 선택하라고 했더니, 대부분 후자를 선택했다.

가장 널리 공유되는 기술의 경우, 기술을 시연해주는 사람만 있으면 더 이상의 인적 자원은 필요 없다. 외국어를 하거나 운전을 하거나 요리를 하거나 통신 장치를 사용할 때, 우리는 공식 교육을 받았거나 학습을 했던 경험을 거의 의식하지 않는다. 특히 해당되는 일을 직접 해본 직후에는 더욱 그러하다. 나는 외과 시술의 기술적인 부분, 바이올린 연주, 매뉴얼 또는 카탈로그 지시사항 같은 더 복잡한 기술도 왜 이와 같은 방법으로 배울 수 없는지 그 이유를 모르겠다.

특수한 장애가 없고 학습동기도 충분히 지니고 있는 학생에게 그가 배우고 싶어 하는 것을 요청에 따라 해보일 수 있는 사람이 있다면, 그 밖의 인적 조력은 필요치 않다. 숙련된 사람이 그의 기술을 보여주기 전에 먼저 교육자로서 자격을 갖추어야 한다는 요구는, 사람들이 알고 싶어 하지 않는 것을 억지로 배우게 하거나, 모든 사람이(심지어 특수한 장애를 가진 사람마저도) 삶의 특정 시기에 특수하게 만들어진 환경에서 특정 사항들을 배워야 한다고 주장하는 데서 비롯된 결과다.

오늘날의 교육 시장에서 기술이 부족해진 것은, 기술을 시연할 수 있는 사람이 자격증에 의해 공적 인가를 받지 않으면 기술을 가르칠 수 없다고 하는 제도적 요건 때문이다. 우리는 타인의 기술 습득을 돕는 사람이 학습상의 난점을 진단하고 기술을 배우려는 의욕을 직접 고취시킬 수 있어야 한다고 주장한다. 요컨대 우리는 그런 사람도 교육자로 인정할 것을 요구한다. 교육 전문직 밖에도 교육자가 있음을 우리가 인정하는 즉시, 교육 시장은 기술 시범을 보여줄 수 있는 사람들로 넘치게 될 것이다.

어린 군주를 가르칠 사람으로 부모가 교사와 기술 전수자 역할을 겸할 수 있는 이를 원하는 것은 더 이상 옹호하기는 어려워도 이해할 수는 있다. 그러나 모든 부모가 자신의 알렉산더를 위해 아리스토텔레스와 같은 스승을 두는 것은 분명 불가능한 일이다. 학생에게 영감을 주면서 기술을 시연할 수 있는 사람은 매우 드물고 알아보기도 어렵기에, 설령 왕족이라 해도 진정한 철학자보다는 소피스트를 고용할 가능성이 더 크다.

희소한 기술에 대한 수요는 그 시범을 보여줄 수 없는 사람이 별로 없어도 금세 충족시킬 수 있다. 단, 그런 사람들을 쉽게 이용할 수 있어야 한다. 1940년대에 라디오 수리공들은 대부분 학교교육을 받지 않은 사람들이었지만, 라틴아메리카 전역에 라디오가 보급된 지 불과 2년 후에는 곳곳에서 볼 수 있게 되었다. 그들은 값이 싸지만 수리가 불가능한 트랜지스터라디오가 나와서 일거리가 없어질 때까지 존재했다. 내구성 좋은 라디오와 그것만큼이나 유용한 수리공들이 당연히 할 수 있었던 것을 지금의 기술학교는 성취하지 못하고 있다.

이제는 여러 가지 이기심들이 함께 공모하여 타인과의 기술 공유를 막기까지 한다. 기술을 가진 사람은 그것을 전수하는 데서 이익을 얻기보다는 기술의 희소성에서 이익을 얻으려 한다. 전문적으로 기술을 교습하는 교사는, 장인이 견습생을 현장에 쉽게 내보내지 않는 관행까지 이용한다. 그 결과 대중은 기술이 공식적인 학교교육을 통해 배운 것일 때만 가치가 있고 신뢰할 수 있다고 믿게 되었다. 직업 시장은 이렇듯 기술을 희소하게 만들고 또 그 기술의 희소성을 지킴으로써 유지되고 있다. 즉 허가받지 않은 기술 이용과 전수를 금하거나, 희소성을 가진 도구나 정보에 접근할 수 있는 사람만이 조작하고 수리할 수 있는 사물을 만듦으로써 직업적 가치를 높이고 있는 것이다.

이처럼 학교는 기술을 가진 사람들을 부족하게 만든다. 그 좋은 예로 들 수 있는 것이, 미국에서 4년제 간호학 학사과정을 급속하게 늘린 결과 간호사 수가 부족해진 사례다. 예전이라면 2년제 또는 3년제 과정에 등록했을 가난한 가정 출신의 여성들이 이제 더 이상 간호사 직업을 갖지 못하게 된 것이다.

교사에게 자격증이 필요하다고 주장하는 것은 기술의 희소성을 유지하는 또 다른 방법이다. 그러나 가령 간호사에게 다른 예비 간호사를 훈련시키도록 하거나, 또 주사를 놓고 진료기록부를 기입하고 약을 처방하는 능력을 보고 간호사를 채용한다면, 숙련된 간호사는 금세 늘어날 것이다. 자격증은 이제 지식을 공유하려는 시민의 권리를 학교에 고용된 이들에게만 주는 학문의 자유라는 특권으로 바꿈으로써, 교육의 자유를 축소하는 경향으로 나아가고 있다. 효과적인 기술교류 활동에 자유롭게 참여할 권리를 보장하기 위해서는 학문의 자유를 널리 보장하는 입법이 필요하다. 어떤 기술이든 그것을 가르칠 권리는 또한 언론의 자유에 의해 보호받아야 한다. 가르치는 것에 대한 제한이 사라지면, 배움에 대한 제한도 곧 사라질 것이다.

기술을 가르치는 사람에게는 서비스를 제공하는 데 대한 인센티브를 줄 필요도 있다. 자격증 없는 교사에게 공적 자금의 지출을 개시하는 방법으로는 두 가지 쉬운 길이 있다. 하나는 누구에게나 개방된 무료 기술센터를 만들어 기술 교류를 제도화하는 방법이다. 산업 지역에 그런 센터를 세울 수 있고, 또 세워야만 한다. 거기서 가르칠 기술들에는 특정 직업훈련에 들어가기 위한 기본적 조건인 읽기, 타이핑, 부기, 외국어, 컴퓨터 프로그래밍과 수치 제어, 전자회로 해독, 특정 기기의 조작 같은 기술이 포함되어야 한다. 다른 하나는 특정 인구집단에 교육 바우처를 제공해서 일반 이용자들에게는 유료인 기술 센터에 다닐 수 있게 하는 것이다.

더욱 급진적인 것으로는 기술 교류를 위한 '은행'을 설립하는 방안이 있다. 은행은 모든 시민들에게 필수 기술을 습득할 수 있는 기본 크레디트를 부여한다. 이 최소한의 크레디트 외에도 이미 만들어진 기술 센터에서 기술 모델로 봉사하거나 집 또는 놀이터에서 개인적인 봉사를 하는 사람에게는 크레디트를 추가 지급할 수 있을 것이다. 또한 일정 기간 동안 다른 사람을 가르친 사람에게는 더 상급의 교사로 일할 자격을 부여할 수도 있을 것이다. 이렇게 함으로써 전혀 새로운 엘리트, 곧 다른 사람들과 교육을 공유함으로써 교육 자격을 얻는 엘리트가 등장할 것이다.

그렇다면 부모에게도 자녀를 위한 기술 크레디트의 권리를 주어야 할까? 그러한 조치는 특권 계층에게 더 큰 이득을 줄 수 있기 때문에 불리한 조건에 있는 사람에게 크레디트를 더 많이 부여함으로써 상계해야 할 것이다. 기술 교류의 원활한 운영은 등록부에 올라오는 교사 정보를 확대하고 그것을 무료로 값싸게 이용할 수 있도록 보장해주는 기관의 존재 여부에 달려 있다. 그 기관은 또한 시험이나 자격증 발부와 같은 보조 업무를 할 수도 있고, 독점 행위를 막고 방지하는 데 필요한 입법을 추진하는 데도 도움이 될 것이다.

그러나 근본적으로 기술 교류의 자유는, 학력(學歷)에 근거하지 않고 검증된 기술에 근거해서만 차별을 허용하는 법률에 의해 보장되어야 한다. 그러한 보장은 필연적으로 직업 시장에 나갈 사람의 자질에 대한 평가를 공중이 통제하기를 요구한다. 그렇게 하지 않으면 사회적 인재 선발에 기여해야 할 직장 자신이 다시 복잡한 테스트 절차를 비밀리에 도입할지도 모른다. 이 기술 테스트를 객관적인 것으로 만들기 위해 취할 수 있는 방법은 꽤 많다. 가령 특정 기계나 시스템의 조작 능력만을 테스트하도록 제한하는 것이다. 타이핑 테스트(속도, 오타 횟수, 받아쓰기 능력 등으로 평가), 회계장부 관리, 유압크레인 조작, 자동차 운전, 컴퓨터 코딩 등은 객관화하기 쉬운 능력들이다.

사실, 현장에서 실제로 중요하게 쓰이는 기술들 중 상당수는 그렇게 테스트할 수 있다. 인력 관리라는 목적을 위해서는 20년 전에 누군가 타이핑, 속기, 회계 교육과정에서 교사를 만족시켰다는 정보보다는 현재의 기술적 능력을 테스트하는 것이 훨씬 더 유용하다. 물론 기술을 공식적으로 테스트하는 것 자체에 대해 의문을 가질 수는 있다. 그러나 나는 누군가에게 딱지를 붙여서 그의 평판을 부당하게 훼손하는 것을 막기 위해서라도, 능력 테스트를 금지하기보다는 그것을 제한적으로 보장하는 것이 더 낫다고 믿는다.

동료 연결

최악의 학교 수업은 학생들을 한 교실에 몰아넣고 수학과 사회와 철자법을 천편일률적으로 가르치는 것이다. 최선의 학교 수업은 학생들 각자가 정해진 과정들 중 하나를 선택해서 배우게 하는 것이다. 그러나 어떤 경우건 학교 내 동료 집단은 교사가 세운 목표를 중심으로 만들어질 수밖에 없다. 이와 달리 바람직한 교육 시스템에서는 모든 이가 각자 하고 싶은 활동을 정해 동료를 찾게 될 것이다.

학교는 확실히 아이들에게 집을 탈출해서 새로운 친구를 만날 수 있는 기회를 제공한다. 그러나 동시에 이 과정은 아이들에게, 옆에 있는 사람들 중에서만 친구를 선택할 수 있다는 생각을 주입한다. 아주 어릴 때부터 아이에게 다른 사람들을 만나고 평가하고 찾도록 격려한다면, 그 아이는 새로운 과제에 도전할 때마다 새로운 동반자를 찾는 일에 평생 관심을 가질 것이다.

체스 고수는 대등한 상대를 찾으면 언제나 즐겁고, 초보자는 초보자대로 비슷한 상대를 찾으면 즐겁다. 이것이 바로 클럽의 존재 이유이다. 특정 책이나 기사에 대해 토론하고 싶은 사람은 아마도 토론 상대를 찾는 일에 얼마든지 노력을 지불하고자 할 것이다. 게임을 하거나, 여행을 하거나, 수족관을 만들거나, 자전거를 함께 타고 싶은 사람도 동료를 찾는 데 시간을 아끼지 않을 것이다. 이런 노력에 대한 보상은 동료를 만나는 것이다. 좋은 학교는 같은 과정에 있는 학생들에게서 공통의 관심사를 이끌어 내려고 노력한다. 반면 학교의 역(逆)은 특정 순간에 같은 관심사를 가진 사람들에게, 그들이 어떤 공통점을 가지고 있든 간에 서로 만날 수 있는 기회를 더 많이 제공하는 제도일 것이다.

기술 전수는 동료를 만나는 것과 달리 양 당사자에게 동등한 이익을 주지 않는다. 내가 이미 지적했듯이, 기술 교사에게는 교육에 대한 보상을 넘어서는 다른 인센티브를 제공해야 한다. 기술 습득은 반복 연습을 끝없이 거듭해야 하는 일이고, 특히 연습이 가장 필요한 학생일수록 지루해 하는 일이다. 따라서 기술 전수가 원활하게 이루어지려면, 전수 행위 자체가 나름의 통화 가치를 발생시킨다 해도, 통화나 크레디트나 기타 가시적인 인센티브가 필요하다. 반면 동료 연결 시스템은 그런 인센티브를 필요로 하지 않으며, 다만 의사소통 네트워크가 필요할 뿐이다.

녹음테이프, 검색도구, 프로그램화된 매뉴얼, 영상 및 소리 재생장치는 많은 기술들을 가르치는 인간 교사의 필요성을 감소시키는 경향이 있다. 그것들은 교사의 효율성을 높이고 평생 습득할 수 있는 기술의 수를 증가시킨다. 동시에 그것들은 새로 습득한 기술을 활용하는 데 관심 있는 사람을 만날 필요성도 증대시킨다. 방학 동안 그리스어를 공부한 학생이 학교에 돌아와서는 그리스어로 크레타 정치에 대해 토론하고 싶어 하는 것과 같다. 뉴욕에 사는 멕시코인은 시사잡지 『시엠프레』(*Siempre!*)나 멕시코의 역사와 정치를 다룬 인기 만화 『로스 아가차도스』(*Los Agachados*)의 독자를 만나고 싶어 할 것이다. 또 다른 누군가는 할렘의 흑인 작가 제임스 볼드윈이나 라틴아메리카의 독립 영웅 시몬 볼리바르에 대해 더 알고 싶어 하는 동료를 만나고 싶어 할 것이다.

동료 연결 네트워크를 운영하는 방법은 간단하다. 이용자는 먼저 이름과 주소를 등록해서 자신을 알리고, 동료와 함께 수행하려는 활동을 설명한다. 그러면 컴퓨터는 동일한 내용을 올린 사람들 모두의 이름과 주소를 그에게 보내준다. 이렇게 간단한 편의장치가 공적으로 가치 있는 활동에 사용된 적이 없다는 사실이 놀라울 따름이다.

고객과 컴퓨터 사이의 연결은 가장 초보적인 형태로 반신 우편을 이용할 수 있다. 대도시에서는 텔렉스 기지국을 통해 즉각적인 응답을 받을 수 있을 것이다. 컴퓨터에서 이름과 주소를 얻는 방법은 단 하나, 동료와 함께할 활동을 등록하는 것뿐이다. 이 시스템을 이용하는 사람이 누구인지는 동료가 될 사람만 알 수 있다.

컴퓨터의 보완 장치로는 게시판이나 신문 광고란 등을 이용하는 네트워크가 가능하다. 컴퓨터가 동료를 찾아주지 못한 활동을 싣는 것이다. 여기에 이름을 기재할 필요는 없다. 관심 있는 독자가 그것을 본 뒤에 자기 이름을 알려주면 된다. 공적 지원을 받는 동료 연결 네트워크는 자유로운 집회의 권리를 보장하고, 사람들로 하여금 가장 기본이 되는 이 시민 활동을 훈련하게 하는 유용한 수단이 될 것이다.

집회 또는 결사의 자유는 정치적으로 승인되고 문화적으로도 받아들여지는 권리이다. 그러나 우리는 지금 이 권리가 특정 형태의 집회를 강요하는 법률에 의해 침해되고 있다는 것을 알아야 한다. 특히 나이, 계급, 성별에 따라 사람들을 소집하고 시간을 극단적으로 소모케 하는 제도가 그런 것들이다. 군대가 그 보기이며, 학교는 훨씬 더 터무니없는 사례이다.

탈학교화란 타인을 강제로 집회에 참여시킬 수 있는 권한을 없애는 것을 뜻한다. 또한 그것은 나이와 성별에 관계없이 결사를 구성할 권리가 모두에게 있음을 인정한다는 뜻이기도 하다. 그러나 이 권리는 결사의 제도화로 인해 크게 축소되었다. '결사'란 원래 개인이 누군가를 모으는 행위에서 비롯되는 결과였다. 그러나 이제는 어떤 기관이 제도적으로 산출한 것을 뜻하게 되었다.

서비스 제도가 고객을 끌어들이는 능력은 개인이 제도화된 매체에 의존하지 않고 타인의 의견을 듣는 능력을 훨씬 넘어서 버렸다. 제도화된 매체가 개인의 요구에 응하는 경우는 오로지 그 개인이 뉴스로 팔릴 수 있을 때뿐이다. 따라서 동료 연결 시스템은 마을사람들을 회의에 부르기 위해 종을 울렸던 것처럼, 동료들을 모으려는 사람이라면 누구나 쉽게 이용할 수 있어야 한다. 학교 건물 역시 이런 용도로 종종 이용될 수 있는데, 그 밖의 다른 용도로 쓴다고 해봐야 무슨 가치가 있는지 의심스럽다.

학교 제도는 예전에 교회가 직면했던 문제에 곧 직면할 것이다. 즉 신자들의 이탈로 인해 비워진 잉여 공간의 처리 문제이다. 학교는 교회만큼이나 팔기 어렵다. 그것을 계속 이용하는 한 가지 방법은 이웃들의 공간으로 넘겨주는 것이다. 각자가 교실에서 하고 싶은 활동과 언제 그것을 하고 싶은지 설명하고, 게시판에는 참여 가능한 프로그램을 공지하여 참여 의향자의 관심을 끌 수 있다. '수업' 참여는 무료이거나 교육 바우처로 지불할 수 있다. 심지어 '교사' 역할을 맡는 사람에게는 그가 모은 학생 수에 따라 두 시간 수업 단위로 급여를 지급할 수도 있을 것이다. 나는 이런 시스템에서라면 아주 젊은 리더나 위대한 교육자가 가장 눈에 띄는 두 유형이 될 것이라고 생각한다. 고등교육에서도 같은 방식을 취할 수 있다. 학생들에게 연간 10시간 동안 각자 선택한 교수에게서 개인 지도를 받을 수 있는 교육 바우처를 지급한다. 그리고 나머지 학습 시간은 도서관, 동료 연결 네트워크, 현장 실습에 의존할 수 있을 것이다.

물론 우리는 전화와 우편이 광고나 홍보에 남용되고 있는 것처럼, 그러한 공적 연결 수단이 약탈적이고 부도덕한 목적에 오용될 가능성이 있음을 인정해야 한다. 따라서 전화나 우편 시스템처럼 그것에 대한 보호 조치가 필요하다. 나는 위에서 동료를 찾는 사람의 이름과 주소 없이 오로지 관련 사항만 담은 동료 연결 시스템을 제안했다. 오용은 그런 시스템만으로도 완벽히 막을 수 있다. 또한 추가 사항으로 책, 영화, TV 프로그램이나 전문 카탈로그에서 취한 주제 등을 기재하도록 허용할 수 있다. 그러나 이 시스템의 위험성을 우려한 나머지 시스템이 가진 더욱 큰 이점을 놓쳐서는 안 된다.

언론과 집회의 자유에 대한 나의 생각에 동의하는 이들 중에도, 동료 연결이 사람들을 인위적으로 모으는 수단일 뿐 그것을 가장 필요로 하는 가난한 이들은 이용하지 않을 거라고 보는 이들이 있다. 어떤 사람들은 공동체적 삶에 뿌리를 내리지 않은 임시적 만남을 제안하는 것에 대해 정말로 분노할 수도 있다. 또 어떤 사람들은 동일한 관심사를 가진 사람들을 분류하고 연결하기 위해 컴퓨터를 이용하는 것에 대해 반대할지 모른다. 사람들을 그런 비인간적인 방법으로 모을 수는 없다는 것이다. 다시 말해서 공동의 학습은 다양한 차원에서 같은 일을 경험해온 역사에 뿌리를 두어야 하고, 예컨대 지역사회의 역사 같은 동일한 경험으로부터 자라나야 한다는 것이다.

나는 이러한 반론들에 수긍을 하면서도, 이 반론들이 나의 논점은 물론 그들의 논점까지 놓치고 있다고 생각한다. 먼저 창조적 표현의 일차적 중심인 공동체의 삶으로 돌아가야 한다는 주장은 그 공동체를 정치적 실체로 재조직하는 것을 현실적으로 막을 수 있다. 여러 요구들을 지역공동체에 집중시켜야 한다는 주장은 도시 생활의 중요한 해방적 측면, 즉 어떤 사람이 여러 동료 집단에 동시에 참여할 수 있는 능력을 간과한 것이기 쉽다. 또한 어릴 때부터 알고 지내던 사람보다 물리적 공동체에 함께 산 적이 없는 사람이 때로는 어떤 중요한 감각에 있어 더 많은 경험을 공유할 수도 있다. 위대한 종교는 멀리 떨어져 있는 사람이 만나는 것이 얼마나 중요한지 인식하고 있었고, 신자들은 언제나 그런 경험을 통해 해방감을 맛보곤 했다. 순례지, 수도원, 예배당과 성소들의 상호 조력은 이러한 인식을 반영하고 있다.

동료 연결은 많은 잠재력을 가지고 있지만 억눌려 있는 도시 공동체를 활성화하는 데 큰 도움이 될 수 있다.

지역공동체는 소중하지만 지금은 점차 사라지고 있는 상황이다. 서비스 제도들이 사회적 관계의 틀을 정하도록 내버려둔 탓이다. 지역자치 운동을 제창한 밀턴 코틀러는 그의 저서 『이웃 정부』(*Neighborhood Government*)에서 중심지의 '제국주의적' 성격이 이웃이 지닌 정치적 중요성을 박탈하고 있음을 보여준 바 있다. 따라서 이웃을 또 하나의 문화적 단위로 재구성하려는 보호주의적 시도는 이러한 관료적 제국주의를 뒷받침하는 것일 수 있다. 사람들을 지역적 배경에서 끄집어내어 추상적 그룹 형성으로 인위적으로 옮기는 것과 달리, 동료 연결은 현재 사라지고 있는 지역의 삶을 도시에서 재건할 수 있도록 돕는다. 자신의 동료를 의미 있는 대화에 주도적으로 끌어들일 수 있는 능력을 되찾은 사람은, 사무적인 규칙이나 변두리의 거친 예의 때문에 동료들과 갈라서는 일을 더 이상 되풀이하지 않을 것이다. 일단 사람들이 함께 뭔가를 하는 것이 그들 자신의 결정에 달려 있다는 것을 알게 되면, 정치적 의견의 창조적 교류를 위해 그들의 공동체를 더 개방해야 한다고 주장할 것이다.

우리는 도시 거주자들이 복잡한 제도적 서비스에 의존해 각자의 필요를 충족하는 법을 배울수록 도시 생활의 비용도 엄청나게 높아진다는 점을 알아야 한다. 도시를 최소한으로 유지하는 데도 극히 많은 비용이 든다. 반면 도시에서의 동료 연결은 시민들이 관료화된 도시 서비스에 더 이상 의존하지 않게 하는 첫걸음이 될 수 있다.

동료 연결은 또한 사회적 신뢰 구축의 새로운 수단을 얻는 필수 단계가 될 것이다. 학교화된 사회에서 우리는 누구를 신뢰하고 누구를 신뢰할 수 없는지 판단하는 데 있어 교육자들의 전문적 판단에 더더욱 의존하는 방향으로 가고 있다. 우리는 의사, 변호사, 심리학자를 찾곤 한다. 그의 동료들로부터 일정 정도 전문적인 교육 처방을 받은 사람이어야만 우리의 신뢰를 받을 자격도 있다고 믿기 때문이다.

하지만 탈학교 사회에서는 전문가가 학벌이나 학력에 근거해 고객의 신뢰를 강요하는 일은 더 이상 있을 수 없고, 그들이 받은 학교교육을 입증해줄 다른 전문가의 말을 통해 자신의 지위를 확보하는 일도 더 이상 있을 수 없다. 전문가의 말을 믿기보다는, 서비스를 이용할 사람이 언제든지 그 전문 분야에 경험이 있는 다른 고객에게 만족도를 묻는 일이 가능해야 한다. 다시 말하지만, 이것은 컴퓨터나 다른 수단을 통해 구축한 동료 네트워크가 있다면 쉽게 해결할 수 있는 일이다. 이 네트워크는 학생들이 직접 교사를 선택하고 환자가 마음대로 치료자를 선택할 수 있도록 해주는 공공시설이라고 해야 할 것이다.

전문 교육자

시민들이 새로운 선택과 새로운 학습의 기회를 갖게 되면, 지적 리더십을 찾는 마음도 커질 수밖에 없다. 즉 독립적인 공부와 더불어 안내를 받을 필요성 또한 더 깊게 느낄 거라는 얘기다. 타인의 조종에서 해방됨에 따라 이제는 다른 사람이 평생 익힌 학습에서 직접 유익한 것을 배워야 하기 때문이다. 따라서 탈학교 교육은 초심자가 그의 교육적 모험을 이어가는 데 기꺼이 도움을 줄 수 있는 실용적 지혜의 소유자들을 더욱 늘리는 것이어야 한다. 반대로 각 분야에서 선생이 될 만한 사람들은 스스로 뛰어난 정보 제공자라거나 기술 모델이라는 주장을 접어야 한다. 그렇게 할 때 비로소 뛰어난 지혜를 가졌다는 주장이 사실로 들리기 시작할 것이다.

선생을 찾는 수요가 늘어나면 그 공급도 늘어날 수밖에 없다. 무엇보다 학교교사가 사라져야만 독립 교육자라는 직업이 생겨날 조건이 갖춰질 것이다. 이 말이 모순처럼 들리는 것은 그만큼 학교와 교사가 밀접한 상호보완 관계를 맺고 있기 때문이다. 그러나 독립 교육자의 탄생은 정확히 앞서 논한 세 가지 교육 시스템—교육자료 서비스, 기술 교류, 동료 연결—의 발전이 이르게 될 지점이며, 시스템의 충분한 활용을 위해서도 그런 사람들이 필요해질 것이다. 부모나 여타 '자연발생적 교육자'에게는 지침이 필요하고, 개별 학습자에게는 조력이 필요하며, 교육 네트워크에는 그것을 운영할 사람이 필요하기 때문이다.

부모는 자녀에게 책임 있는 교육적 독립성을 갖게 하는 데 지침을 제공해줄 안내자가 필요하다. 학습자는 험난한 지형을 만났을 때 그를 도와줄 경험 많은 리더가 필요하다. 그러나 이 두 가지 필요성은 완전히 다른 것이다. 전자는 교육학적 요구에 해당하는 것이고, 후자는 교육학이 아닌 다른 지식 분야의 지도력을 가리키기 때문이다. 전자는 인간의 학습능력과 교육 자원에 대한 지식을 요구하고, 후자는 온갖 종류의 경험적 연구에서 얻은 지식을 요구한다. 이 두 종류의 경험은 효과적인 교육이 이루어지게 하는 데 필수적이다. 학교는 이런 기능들을 하나의 역할로 묶고, 학교와 독립해서 이루어지는 교육에 대해 악평까지는 아니더라도 최소한 의심하게 만드는 경향이 있다.

실제 교육에 있어서는 세 가지 유형의 특수한 교육 능력을 구별할 필요가 있다. 첫째는 이 장(章)에서 설명한 교육 네트워크를 구축하고 운영하는 능력이다. 둘째는 이러한 네트워크의 이용법을 학생과 부모에게 안내하는 능력이다. 셋째는 지적 탐구라는 어려운 항해를 하는 데 있어 '동료들 가운데 으뜸인 자'[39]로

---

39 *primus inter pares*. 공식적 지위는 같지만 비공식적으로 우대를 받는 이를 일컫는 라틴어 법률용어. 가령 교황제 정착 이전의 로마 주교는 다른 지역 주교와 공식적으로 같은 지위였지만, 비공식적으로 로마 가톨릭의 수장 역할을 한 것이 그러하다.

행동하는 능력이다. 이 가운데 첫째와 둘째만이 독립된 전문직에 들어간다고 할 수 있다. 즉 교육 행정가와 교육 상담사이다. 내가 제시한 교육 네트워크를 설계하고 운영하기 위해서는 많은 사람이 필요하지는 않지만, 학교와는 완전히 다르고 나아가 정반대되는 관점에서 교육과 행정을 깊이 이해하는 사람들이 필요하다.

이런 종류의 독립된 교육 전문직은 학교에서 배제된 사람들을 얼마든지 환영하겠지만, 학교가 보증하는 사람들은 배제할 것이다. 교육 네트워크를 만들고 운영하는 데는 설계자와 행정가가 어느 정도 필요하지만 학교 행정에 필요한 숫자만큼 필요하지는 않고, 또 그런 유형의 사람들일 필요도 없다. 즉 학생의 기강을 잡고, 광고 홍보를 하고, 교사를 채용, 감독, 해고하는 일은 내가 말한 네트워크 운영과는 관계가 없다. 교육과정을 짜고, 교과서를 구입하고, 운동장과 시설을 유지하고, 학교 대항 운동경기를 감독하는 것과도 관계가 없다. 또한 현재 교사의 시간을 엄청나게 빼앗는 아동 보호, 수업 계획, 성적표 작성도 교육 네트워크 운영에는 들어가지 않는다. 이런 학습망의 운영을 위해서는 현재 박물관, 도서관, 인사부서, 급사실에 바라는 정도의 역할과 자세만 있으면 된다.

오늘날의 교육 행정가는 교사와 학생을 통제함으로써 다른 사람들―예컨대 국회의원, 기업임원, 재단이사 등―을 만족시키는 데만 관심을 기울인다. 반면 네트워크 설계자와 운영자는 학생, 기술 모델, 교육 지도자 및 교육 자료의 만남을 촉진하는 데 있어 스스로 방해물이 되지 않는 동시에 다른 사람의 방해를 받지 않도록 하는 재능을 보여주어야 한다. 지금 교직에 관심을 갖고 있는 많은 사람들은 본질적으로 권위주의적이어서 이런 임무를 맡을 수 없다. 교육 네트워크를 구축한다는 것은, 화물추적 시스템을 만들고자 하는 운송 책임자의 꿈과는 반대되는 목표를 사람들과 특히 청소년들이 쉽게 추구할 수 있게 해준다는 의미이다.

내가 설명한 네트워크가 실현된다면 학생들은 각자 자신에 맞는 교육 경로를 밟게 될 것이며, 훗날에야 비로소 그 프로그램이 어떠했는지 돌이켜볼 수 있을 것이다. 따라서 현명한 학생이라면 때때로 전문가의 조언을 듣고자 할 것이다. 즉 새로운 학습목표 설정에 대한 도움, 현재 직면한 어려움에 대한 이해, 가능한 방법의 선택에 관한 조언을 들으려 할 것이다. 심지어 지금도 대부분의 사람들은 교사가 자신에게 해준 가장 중요한 서비스가 우연한 만남이나 개인지도 시간에 들었던 충고나 조언이라고 한다. 학교 없는 세상이 되면 교육자 역시 자신만이 할 수 있는 역할을 하게 될 것이고, 좌절한 교사들이 오늘날 하고 있는 척하는 일을 실제로 할 수 있을 것이다.

네트워크 관리자의 일이 주로 교육 자원에 접근하는 길을 구축하고 유지하는 데 집중되어 있다면, 교육 상담사는 학생이 목적지까지 가는 가장 빠른 길을 찾는 데 도움을 줄 것이다. 가령 학생이 이웃 중국인에게서 중국어를 배우려는 경우, 상담사는 학생의 수준을 판단하고 그의 능력과 성격과 가용 시간에 가장 잘 맞는 교재와 방법을 선택하는 데 도움을 줄 수 있다. 장래에 항공 정비사가 되려는 학생에게는 가장 나은 실습 센터를 찾도록 조언해줄 수 있을 것이다. 아프리카 역사를 함께 토론할 수 있는 동료를 찾는 이에게는 책을 추천해줄 수 있을 것이다. 네트워크 관리자와 마찬가지로 교육 상담사는 자신을 전문 교육자로 생각하게 될 것이다. 개별 학습자들은 어느 쪽을 이용하든 간에 교육 바우처를 이용해 그들과 접촉할 수 있을 것이다.

이상의 전문 행정가와 교육 상담사의 역할에 비해 교육 안내자나 인도자, 곧 스승이나 '진정한' 리더의 역할은 정의하기가 다소 어렵다. 리더십이란 것 자체가 애당초 정의하기 어렵기 때문이다. 실제로 다른 사람들이 누군가의 주도적 역할을 따르고 그가 꾸준히 발견해온 것들을 보고 배운다면, 그 개인은 리더라고 할 수 있다. 이런 리더십에는 완전히 새로운 표준이 될 것을 미리 내다보는 예언적 시각이 포함되며, 이에 따라 지금은 '잘못된 것'이 나중에는 '옳은 것'으로 판명되기도 한다. 동료 연결을 통한 집회 및 결사의 권리가 존중되는 사회에서, 특정 주제에 대해 교육적 주도권을 행사할 수 있는 기회는 배움 그 자체에 접근할 수 있는 기회만큼이나 많다. 그러나 어떤 주제나 기사를 토론하기 위해 내실 있는 만남을 꾸릴 때 행사하는 주도권과, 그 주제가 가진 의미를 체계적으로 탐구하는 데 있어 리더십을 발휘하는 능력 사이에는 당연히 커다란 차이가 있다.

리더십은 또한 옳은 것과는 무관하다. 토머스 쿤이 지적했듯이, 패러다임이 끊임없이 변화하는 시기에는 아무리 탁월한 리더라도 후일의 검증에서 잘못이 드러나는 경우가 종종 있다. 지적 리더십은 맞거나 틀리는 것보다는 뛰어난 지성과 상상력 그리고 타인의 학습 활동에 기꺼이 참여하려는 의지와 관계된 능력이다. 가령 어떤 학습자가 미국의 노예해방 운동과 쿠바 혁명 그리고 현재 할렘에서 벌어지는 일 사이의 유사성을 찾고 있다고 해보자. 교육자는 한 명의 역사가로서 그런 유추가 가진 결함을 인지하는 법을 가르쳐줄 수 있다. 그는 역사가로서 자신이 걸어왔던 길을 재현해 보일 수도 있을 것이다. 또는 학습자를 연구에 참여하도록 초대할 수도 있다. 어느 경우에나 그는 자기 제자에게 학교에서는 거의 배울 수 없고 돈이나 기타 재화로도 살 수 없는 비판적 기술을 가르치고 있는 것이다.

스승과 제자의 관계는 지적인 훈련에만 국한되지 않는다. 예술, 물리학, 종교, 정신분석 및 교육학에도 동일하게 적용되며, 산악등반, 은세공, 정치, 가구제작, 인사관리에도 적합하다. 진정한 스승-제자 관계에서 공통적으로 발견되는 특징은, 그들 관계가 말 그대로 '값'을 매길 수 없으며 매우 다른 방식으로 양자 모두에게 혜택을 준다는 것을 공히 인식하고 있다는 점이다.

그러나 협잡꾼, 선동가, 변절자, 타락한 교사, 성직 매매인, 사기꾼, 기적 행하는 자, 메시아 참칭자 모두 리더 역할을 할 수 있다는 것이 이미 오래전부터 입증된 바 있고, 따라서 제자가 스승에게 무조건적으로 의존하는 것이 얼마나 위험한지도 밝혀져 있다. 어느 사회에서나 그런 거짓 교사들로부터 사회를 보호하기 위해 여러 가지 조치를 취하곤 했다. 인도인들은 카스트 제도에 의존했고, 동방 유대인들은 랍비의 영적 지도에 의존했으며, 전성기 기독교는 덕망 높은 수도승의 모범적 삶에, 다른 시기의 기독교는 성직계급 질서에 의존했다. 우리 사회는 학교가 발부한 자격증에 의존하고 있다. 이 방법이 교사를 검증하는 방법으로 더 나은지 의심스럽지만, 혹시 그렇다고 주장한다면 지금은 거의 사라진 스승-제자 간의 인격적 관계를 희생시킴으로써 그렇게 되었다는 반대 주장도 가능할 것이다.

현실에서 기술 교사와 지금 설명한 교육 지도자 사이의 경계는 늘 모호할 수밖에 없다. 또한 학생의 훈련을 이끄는 기술 교사 중에서 때때로 '스승'을 발견하여 지도자로 삼는 것이 불가능할 이유도 없다. 하지만 참된 스승-제자 관계를 정말로 특징짓는 것은 그 소중함이다. 아리스토텔레스는 그것을 "고정된 조건에 기초하지 않은 우정의 도덕적 형태로, 선물을 하거나 그 밖의 무엇을 하든 친구 대하듯 하는 것"이라고 말했다. 토마스 아퀴나스는 이런 종류의 가르침이란 필연적으로 사랑과 자비의 행위일 수밖에 없다고 했다. 이런 가르침은 언제나 교사에게는 일종의 즐거움이며, 학생과 교사 모두에게는 여가(그리스어로 '스콜레 *schole*')의 한 형태이다. 즉 교사와 학생 모두에게 의미 있는 활동이지만, 그 밖의 숨은 목적은 없는 활동인 것이다.

진정한 지적 리더십을 위해서는 그것을 제공할 의향이 있는 재능 있는 사람에게 의존하는 것이 여전히 우리 사회에 필요하지만, 지금 그것을 하나의 정책으로 만들 수는 없다. 먼저 우리는 물건을 만들거나 사람을 조종하는 행위보다 인격적 행위 자체가 더 높은 가치를 갖는 사회를 건설해야 한다. 그런 사회가 오면 탐구적이고 독창적이며 창의적인 가르침은 하나의 직업 활동보다는 가장 바람직한 형태의 여유로운 '비고용'으로 간주될 것이다. 그러나 이런 유토피아가 도래할 때까지 기다릴 필요는 없다. 지금도 탈학교와 동료 연결 네트워크가 실현되기만 한다면, 그 가장 중요한 결과로서 스승이 주도권을 쥐고 마음에 맞는 제자를 모으는 일이 가능해질 것이다. 그것은 또한 우리가 앞에서 논했듯이, 제자가 될 사람들이 정보를 교환하거나 스승을 선택할 수 있는 풍부한 기회를 제공할 것이다.

학교만이 서로 다른 역할들을 하나로 묶어 전문직을 왜곡하는 유일한 제도는 아니다. 병원 역시 가정 내 치료를 점점 더 불가능하게 만들고 있고, 병원치료(hospitalization, 병원화)가 환자에게 더 이익인 것처럼 정당화하고 있다. 동시에 의사는, 비록 교사가 학교에 의존하는 만큼 병원에 전적으로 의존하고 있지는 않지만, 자기 일의 정당성과 치료 능력을 병원과의 관계에 점점 더 의존하고 있다. 법원의 경우도 마찬가지이다. 새로운 재판들이 법의 엄격성을 요구함에 따라 과중한 업무 부담으로 정의를 지연시키고 있는 것이다. 이것은 또한 자유로운 소명을 속박된 직업으로 바꾸어놓은 교회의 경우에도 마찬가지라 할 수 있다. 어느 경우에도 그 결과는 더 많은 비용으로 더 적은 서비스를 제공하고, 능력이 부족한 전문직 구성원에게 더 많은 수입을 보장하는 것이다.

오래된 전문직들이 더 많은 수입과 명성을 독점하고 있는 한 그것들을 개혁하기는 어렵다. 그러나 교사라는 전문직을 개혁하는 일은 다소 쉬운 편이다. 물론 이 직업이 비교적 최근에 생겼다는 사실 때문만은 아니다. 오늘날 교육 전문직은 포괄적인 독점을 주장하고 있다. 교육 초보자뿐 아니라 다른 전문 분야의 초보자 훈련에 대해서까지도 배타적인 권리를 주장하고 있는 것이다. 이런 과잉 확장의 결과, 교육 전문직은 자기 분야의 견습생을 직접 훈련시켜야 할 다른 전문직마저 취약하게 만들고 있다. 게다가 학교교사는 학교 시스템의 엄격한 통제로 인해 지극히 낮은 급여와 좌절을 감수하고 있다. 따라서 그들 가운데 가장 진취적이고 재능 있는 이들은 기술 모델, 네트워크 운영자, 상담 전문가와 같이 좀 더 적성에 맞고 더 독립적이며 수입도 높은 일을 찾을 가능성이 크다. 마지막으로 학교에 적을 둔 학생이 자격 있는 교사에게 의존하는 것은 다른 전문직에 의존하는 경우—예컨대 병원화된 환자가 의사에게 의존하는 경우—보다 더 쉽게 중단시킬 수 있다. 만일 강제적 학교교육이 폐지된다면, 교실에서 교육적 권위를 행사하는 데서 만족을 얻었던 교사는 그런 교사들의 방식에 끌렸던 학생과 함께 남게 될 것이다. 현행 전문직 구조의 폐지는 학교교사들을 퇴출하는 데서부터 시작될 수 있다.

학교의 폐지는 피할 수 없는 일이며, 또한 놀라울 정도로 빨리 일어날 것이다. 너무 오래 미룰 일은 아니지만, 이미 벌어지고 있는 중이기에 급격하게 추진할 일도 아니다. 지금 더 가치 있는 일은 그것을 희망적인 방향으로 돌리도록 노력하는 것이다. 왜냐하면 학교의 폐지는 전혀 반대되는 두 방향 중 어느 방향으로도 갈 수 있기 때문이다.

첫째 방향은 교육자의 권한이 확대되고 학교 바깥의 사회에 대해서도 그들의 통제권이 증대되는 것이다. 좋은 의도를 가지고 현재 학교에서 사용되는 미사여구를 확장하는 것만으로도 교사는 현대 사회의 모든 네트워크를 통해 우리에게 메시지를 전달할 명분을 얻을 수 있다. 물론 우리 자신의 이익을 위해서라는 메시지이다. 탈학교화라는 멈출 수 없는 추세는 '멋진 신세계'의 도래를 의미하는 것일 수도 있다는 얘기다. 프로그램화된 교육의 관리자가 선의를 갖고 지배하는 세상 말이다.

다른 한편으로는 정부, 고용주, 납세자, 계몽된 교육자, 학교 행정가 사이에서 자격증을 따기 위한 교육과정별 교육이 해롭다는 인식이 높아지면서 많은 사람들에게 엄청난 기회가 생길 수도 있다. 즉 스스로 학습을 하고 자신이 알고 있거나 믿는 것을 타인과 공유할 수 있는 수단에 동등하게 접근할 권리가 주어질 수 있는 것이다. 그러나 이것을 위해서 교육 혁명은 다음과 같은 목표를 향해 나아갈 필요가 있다.

1. 지금 개인과 제도가 교육적 가치에 대해 행사하고 있는 통제를 제거하여 사물에 자유롭게 접근할 수 있게 하는 것.

2. 사람들이 원하는 경우 기술을 가르치거나 실습할 자유를 보장하여 기술의 자유로운 전수를 가능하게 하는 것.

3. 집회를 갖고 유지하는 개개인의 능력을 회복시켜서 사람들로 하여금 비판적이고 창의적인 능력을 발휘케 하는 것. 이 능력은 이제껏 사람들을 대변한다고 주장하던 기관들이 점점 독점을 강화해오던 것이었다.

4. 기존의 전문직이 제공하는 서비스에 자신의 기대 수준을 맞춰야 하는 상황으로부터 개인을 해방시키는 것. 이것을

위해서는 동료의 경험에 의존하거나 자신이 선택한 교사, 안내자, 상담자, 치료자를 신뢰할 기회가 개인에게 주어져야 한다. 나아가 사회의 탈학교화는 오늘날의 세계 질서와 국가 안정의 기반인 경제, 교육, 정치 사이의 구분을 흐릿하게 만들 것이다.

교육 제도에 대한 검토는 우리가 가진 인간에 대한 이미지를 재검토하게 만든다. 학교는 자율성은 물론이고 자신의 힘으로 성장하려는 동기조차 없는 존재를 그 고객으로 만들고 싶어 한다. 우리는 보편적 학교교육을 프로메테우스적인 기획의 정점으로 볼 수 있는 반면, 에피메테우스적인 인간이 살아가기 적합한 세상을 그 대안으로 제시할 수 있다. 우리는 진정한 의사소통 네트워크에 의해 투명해진 세상을 학교의 대안으로 제시할 수 있고, 그것이 어떻게 작동할 수 있는지 매우 구체적으로 말할 수도 있지만, 여기서는 다만 인간의 에피메테우스적인 본성이 다시 나타나기를 기대할 뿐이다. 그것은 계획할 수도, 생산할 수도 없는 것이다.

제7장

에피메테우스적
인간의 부활

Rebirth of Epimethean Man

우리 사회는 내가 일전에 뉴욕의 장난감 가게에서 보았던 최신 기계장치와 비슷하다. 내가 본 것은 작은 금속상자였는데, 스위치를 누르면 뚜껑이 철커덕 열리면서 기계로 된 손이 튀어나왔다. 크롬 도금한 손가락이 안에서 뚜껑을 잡아당겨 잠그게 되어 있는 장치였다. 상자로 되어 있기에 우리는 그 안에 뭔가 들어있을 거라 기대한다. 그러나 상자 안에는 뚜껑을 닫는 기계장치가 전부다. 이 장치는 말하자면 '판도라의 상자'의 반대라 할 수 있었다.

판도라는 원래 All-Giver 곧 '모든 것(pan-)을 준다(dora)'는 뜻으로, 유사 이전의 그리스에서는 대지의 여신이었다. 그녀는 자신이 갖고 있던 암포라(그리스어로 *pythos*) 항아리에서 갖가지 재앙을 도망치게 한 장본인이다. 그러나 판도라는 희망이 달아나기 직전에 뚜껑을 닫을 수 있었다. 현대인의 역사는 판도라 신화의 왜곡에서 시작하여 스스로 뚜껑을 닫는 상자로 끝난다. 그것은 제도를 통해 세상에 만연한 악을 하나하나 가두려고 애쓴 프로메테우스의 역사이다. 그 역사는 '희망'이 사라지고 '기대'만 증폭되어온 과정이기도 하다.

이 말이 의미하는 바를 이해하기 위해서는 희망(hope)과 기대(expectation)를 다시 구별해볼 필요가 있다. '희망'이란 적극적인 의미에서 자연의 선함을 믿는다는 뜻인 데 반해, 내가 여기서 쓰는 '기대'라는 말은 인간의 계획과 통제에서 나온 결과에 의존한다는 뜻이다. 희망이란 우리가 바라는 선물을 가져올 사람에게 바람을 갖는 것이다. 기대란 우리가 요구할 권리가 있는 것을 생산해주리라 예측되는 과정으로부터 만족을 얻기를 기대하는 것이다. 오늘날에는 이런 프로메테우스적인 기풍이 희망을 잠식해버렸다. 그러나 인류의 생존은 희망을 하나의 사회적 힘으로 재발견하는 데 달려있을 것이다.

판도라 신화에서 프로메테우스 신화로

판도라는 원본 신화에서 모든 재앙을 담은 항아리와 함께 이 땅에 보내진 존재이다. 좋은 것들 중에는 희망만이 항아리에 담겨 있었다. 원시인들은 이 희망의 세상에서 살았다. 그들은 자연의 후한 베풂과 신들의 은총과 부족의 본능에 의존해서 이럭저럭 살아갈 수 있었다.[40] 이런 희망을 기대로 바꾸기 시작한 것은 고전기 그리스인들이다. 그들이 각색한 신화에서 판도라는 악한 것들과 선한 것들을 다 풀어놓는다. 그러나 그들은 주로 그녀가 일으킨 재앙들로 그녀를 기억했다. 그리고 가장 중요하게는, 모든 것을 준 이가 또한 희망의 수호자라는 점을 잊고 말았다.

그리스인들은 판도라와 함께 프로메테우스와 에피메테우스 형제 이야기도 전하고 있다. 프로메테우스는 동생에게 판도라를 받아들이지 말라고 충고했지만, 에피메테우스는 말을 듣지 않고 판도라와 결혼했다. '나중에 생각함' 또는 '사려 깊음'을 뜻하는 에피메테우스라는 이름은 고전기 그리스에서는 우둔함이나 어리석음으로 해석되었다. 헤시오도스가 고전적 형식으로 이 이야기를 전할 무렵, 그리스인들은 최초의 여성이라는 발상에 겁을 집어먹은 도덕적이고 여성혐오적인 가부장들이 되고 있는 중이었다. 그들은 합리적이고 권위주의적인 사회를 세웠고, 세상에 만연한 악에 맞설 계획으로 각종 제도를 발명했다. 이 과정에서 그들은 세상을 원하는 대로 만들어갈 수 있는 힘이 자신들에

---

40 여기서 '이럭저럭 살아가다'로 옮긴 원문의 단어는 'subsist'이다. 저자는 경제사학자 칼 폴라니(Karl Polanyi)가 자급자족적 경제의 의미로 쓴 'subsistence' 개념을 이어받아, 인간이 산업경제 이전에도 기본적 생존 조건을 누리고 살아왔음을 암시하고 있다.

게 있다는 것을 알게 되었고, 세상으로 하여금 그들이 기대하던 서비스를 생산하게 할 수 있다는 것도 알게 되었다. 그들은 그런 가공물들에 맞춰 자신들의 필요와 자녀들의 미래 수요가 만들어지기를 원했다. 그리하여 그들은 입법자, 건축가, 작가가 되었고, 후손들에게 본보기가 될 헌법, 도시, 예술품의 제작자가 되었다. 원시인들은 개인을 신성한 의례에 참여시키는 신화적 방식을 통해 사회적으로 전승되는 지식을 가르쳤지만, 고전기 그리스인들은 '파이데이아'(*paideia*, 교육)를 통해 앞 세대가 계획한 제도에 적응한 시민들만을 올바른 인간으로 인정했다.

이러한 신화의 변모는 꿈이 **해석되는** 세계로부터 신탁이 **만들어지는** 세계로의 이행을 반영한다. 선사시대부터 대지의 여신은 지구의 중심이자 배꼽인 파르나소스 산 기슭에서 숭배를 받았다. 그곳 델피(Delphi, '자궁'이란 뜻의 *delphys*에서 온 말)에 카오스와 에로스의 누이인 가이아가 잠들어 있었다. 가이아의 아들인 용 피톤이 달빛과 이슬에 젖은 그녀의 꿈을 지켰다. 그러나 태양신이자 트로이의 건설자인 아폴론이 동쪽에서 일어나 피톤을 죽이고 가이아 동굴의 소유자가 되었다. 이후 그의 신관들이 그녀의 신전을 차지했다. 그들은 그곳의 젊은 여성을 여사제로 고용해 연기를 내뿜는 지구의 배꼽 위에 놓인 삼발이 의자에 앉게 하고 그녀를 연기에 취하게 했다. 그리고 그녀가 황홀한 상태에서 중얼거리는 말을 자기실현적인 예언의 6보격(六步格) 시로 만들었다. 펠레폰네소스 반도 각지의 사람들이 아폴론의 새 신전에 문제를 가지고 왔다. 사제들은 정치적이고 사회적인 결정 사안들에 대해 조언을 해주었다. 예컨대 전염병이나 기근을 막는 방법, 스파르타에 적합한 헌법을 채택하는 것, 나중에 비잔티움과 칼케돈이 될 도시의 적절한 자리를 고르는 것 등이 그런 것들이다. 무오(無誤)의 화살은 아폴론의 상징이기도 했다. 아폴론과 관련된 모든 것이 목적이 있고 유용한 것으로 여겨졌다.

『국가』에서 이상적인 나라를 설명하면서 플라톤은 처음부터 민간의 음악을 배제했다. 도시에서는 하프와 아폴론의 칠현금만이 허용될 터인데, 그것들의 하모니만이 "필연의 가락, 자유의 가락, 불운한 사람과 운 좋은 사람의 가락, 용기의 가락, 시민에게 어울리는 절제의 가락"을 만들어낸다는 이유에서였다. 반면에 판(Pan)이 부는 피리와 본능을 일깨우는 그 힘은 도시 거주자들을 겁에 질리게 했다. 그리하여 "오로지 목동들만 목신의 피리를 불 수 있고, 시골에서만 그럴 수 있게" 하였다.

사람들은 자신이 따라야 하는 법에 대해, 그리고 자기 형상에 맞춰 가공한 환경에 대해 책임을 지기로 했다. 어머니 지구의 손길에 이끌려 신화적 삶으로 들어가던 원시적 방식은 시민에 대한 교육(paideia)으로 바뀌었으며, 시민들은 포룸(forum, 공공광장)에서 편안함을 느끼게 되었다.

원시인에게는 세계가 운명, 사실, 필연성에 의해 지배되고 있는 것처럼 보였다. 그러나 신들로부터 불을 훔침으로써 프로메테우스는 사실을 문젯거리로 바꾸었고, 필연성에 의문을 제기했으며, 운명에 도전했다. 고대인들은 인간의 시각에 문명화된 맥락을 덧씌웠다. 그리하여 운명과 자연이 만들어준 환경을 거스를 수 있다는 것을 알게 되었지만, 그러기 위해서는 위험을 감수해야 한다는 것도 알게 되었다. 현대인은 여기서 한 걸음 더 나아간다. 그는 완전히 인공적인 환경을 구축하기 위해 자신의 이미지에 맞춰 세계를 만들고자 한다. 그 과정에서 그는 오직 한 가지 조건, 즉 자신을 끊임없이 개조하여 그 환경에 맞춤으로써만 그럴 수 있다는 것을 발견한다. 우리는 이제 인간 자신이 위험에 처해 있다는 것을 직시해야 한다.

현대 제도가 가진 모순들

오늘날 뉴욕에서의 삶은 이미 있는 것과 앞으로 나올 것에 대한 매우 특이한 시각을 갖게 한다. 이러한 시각 없이 뉴욕에서의 삶은 불가능하다. 뉴욕 길거리의 아이들은 과학적으로 설계, 가공, 계획되어 팔리는 것이 아닌 물건은 절대로 만지지 않는다. 심지어 나무조차도 공원관리국에서 심기로 결정했기 때문에 거기 있는 것이다. 아이들이 TV에서 듣는 우스갯소리도 막대한 비용을 들여서 만든 것이다. 할렘 거리에서 아이들이 가지고 노는 폐품도 다른 누군가를 위해 만든 패키지 상품이 부서진 것이다. 욕망과 두려움조차 제도화되어 있다. 권력과 폭력도 갱단 대 경찰이라는 구도로 조직되고 관리되고 있다. 학습 역시 연구와 계획에 기초한 프로그램의 결과인 교과목을 소비하는 행위로 정의된다. 눈앞에 어떤 상품이 있든 그것은 전문화된 제도의 산물이다. 제도가 생산할 수 없는 것을 요구하는 것은 어리석은 일이다. 그 결과, 도시의 아이들은 제도적 과정이 개발할 가능성이 없는 것은 아예 기대하지도 못하게 되었다. 아이들의 환상조차 공상과학소설이나 떠올리도록 유도되고 있는 것이다. 그러나 우리는 더러운 '흙'을 만지거나 어리석은 실수 또는 실패를 통해서만 계획되지 않는 것이 주는 시적 경이를 경험할 수 있다. 시궁창의 귤껍질, 거리의 웅덩이, 질서와 프로그램과 기계의 고장이 오히려 창조적 상상력의 출발점이 될 수 있다. '빈둥거리기'야말로 우리가 바로 즐길 수 있는 유일한 시(詩)일 것이다.

계획되지 않은 것 중에 바람직한 것은 아무것도 없기에, 도시의 아이는 우리가 무엇을 원하건 그것을 위한 제도를 언제든지 설계할 수 있을 거라고 이내 결론짓는다. 즉 가치를 창출하는 힘이 제도적 과정 자체에 있다는 생각을 당연하게 받아들인다. 목표가 배우자를 만나는 것이든, 이웃을 모으는 것이든, 읽는 법을 배우는 것이든, 그 목표는 그것을 달성할 수 있는 계획이 있어야만 설정될 수 있다. 그리하여 수요가 있으면 그것이 무엇이든 생산이 된다고 믿게 된 사람은, 한 걸음 나아가 생산이 없어지면 수요도 사라질 것이라고 우려하게 된다. 예컨대 달에 가는 운송 수단이 나오면 달에 가려는 수요도 자동 창출된다는 것이다. 그 결과, 갈 수 있는데도 가지 않는 것은 위험한 일이 된다. 수요가 만족되면 만족될수록 더 큰 불만족을 낳는다는 가정 역시 어리석은 생각으로 취급된다. 이런 통찰이 끝없는 진보를 멈출 수 있기 때문이다. 그러나 점점 벌어지는 좌절의 간격을 '기대 상승'의 법칙이라는 완곡어법으로 가리려는 시도는 생산 가능한 것을 생산하지 않으면 무너질 수밖에 없다. 점점 벌어지는 이 좌절의 간격은 실상 오늘날의 사회—즉 공급할 수 있는 서비스보다 더 많은 수요 창출을 통해서만 유지되는 사회—를 돌아가게 하는 엔진이다.

현대 도시인의 정신적 상황은 전통 신화에서는 언제나 지옥의 모습을 띠곤 했다. 타나토스(죽음)를 잠시 사슬에 묶어 가둔 시시포스는 이 일로 인해 무거운 돌을 저승의 산꼭대기까지 밀어올리는 벌을 받게 되었다. 하지만 꼭대기에 이르는 순간 밀어올린 돌은 늘 굴러 떨어졌다. 신들의 연회 자리에 초대된 탄탈로스는 식사 기회를 틈타 불사의 능력을 주는 만병통치약 암브로시아를 만드는 비밀을 훔친다. 그 벌로 탄탈로스는 가까이 다가서면 물이 물러나는 강가와, 과일을 따려고 하면 나뭇가지가 멀어지는 나무 곁에서 영원한 굶주림과 갈증에 시달리게 되었다.

수요가 끝없이 증대되는 세상은 그냥 '악'이라고만 할 수 없다. 그곳은 '지옥'이라 불러야 마땅하다.

우리는 제도가 해줄 수 없는 것은 아예 떠올리지 못하게 되었기에, 무언가를 요구할 때마다 좌절하는 능력만 키워왔다. 만능의 도구들에 둘러싸인 채 우리가 만든 도구의 도구로 전락하고 말았다. 태초의 악들을 퇴치하기 위해 고안된 각각의 제도들은 안전장치로 인간을 자동 봉인하는 관(棺)이 되었다. 인간은 그렇게 판도라가 놓친 악들을 가두려고 만든 상자에 스스로 갇히고 말았다. 우리의 도구가 만들어낸 스모그의 암흑이 우리를 밀봉해버린 것이다. 그래서 불현듯 우리는 우리 스스로 만든 함정의 어둠 속에 있는 자신을 깨닫곤 한다.

나아가 이제는 현실 그 자체가 인간의 결정에 의존하기에 이르렀다. 캄보디아에 무익한 침공을 명령한 대통령은 그와 똑같이 핵무기의 효과적 사용을 언제든 명령할 수 있다. 이 '히로시마 스위치'는 이제 우리를 낳은 대지의 배꼽을 절단 낼 수도 있다. 인간은 생식과 활력의 신 에로스와 대지의 신 가이아 모두를 능가하는 카오스 신을 만들어낼 능력을 갖게 되었다. 대지의 배꼽을 잘라버릴 수 있는 인간의 이 새로운 힘은, 우리의 제도가 그 자체의 목적을 만들어낼 뿐 아니라, 제도 자체와 우리 자신을 끝장낼 힘도 가지고 있다는 것을 끊임없이 상기시켜 준다. 현대 제도가 얼마나 부조리한지는 특히 군대의 예에서 분명히 볼 수 있다. 현대 무기는 자유, 문명, 삶을 파괴함으로써만 그것들을 지킬 수 있다. 군사용어로 '안보'란 지구를 없앨 수 있는 능력을 의미한다.

비군사 제도들의 바탕에 놓인 부조리도 군사 제도 못지않다. 파괴적인 힘을 작동시킬 스위치는 없지만, 그런 스위치가 필요치도 않다. 그 비슷한 손잡이 꼭지가 이미 세상의 뚜껑 한가운데 붙어있기 때문이다. 제도들은 필요를 충족시키는 것보다 더 빠르게 또 다른 필요를 만들어내고 있고, 제도가 만들어낸 필요를 충족시키려고 애쓰는 과정에서 지구를 소비하고 있다. 이것은 특히 농업과 공업에 해당하는 말이지만, 의료와 교육에서도 다르지 않다.

현대 농업은 토양을 오염시키고 고갈시킨다. '녹색혁명'이 종자 개량이라는 수단을 통해 단위면적당 수확량을 3배로 늘렸다고 하지만, 이것은 비료, 살충제, 물, 화석에너지를 더 높은 비율로 투입한 결과일 뿐이다. 이처럼 제조업이 된 농업은 다른 모든 상품 제조와 마찬가지로 바다와 대기를 오염시키고 대체 불가능한 자원들을 고갈시킨다. 연소 에너지가 지금과 같은 비율로 계속 증가한다면, 우리는 조만간 대기 산소가 보충되는 속도보다 훨씬 빠르게 산소를 소모할 것이다. 핵분열이나 핵융합 에너지가 그것과 같거나 더 큰 위험 없이 연소 에너지를 대체할 수 있다고 믿을 이유는 없다. 또한 의료 주술사들은 산파를 대신하여 인간을 유전적으로 계획되고 약리학적으로 유쾌하며 장기간의 질병을 견딜 수 있는 무엇으로 만들겠다고 약속한다. 오늘날의 이상은 세계를 범 위생적인 곳으로 만드는 데 있다. 이 세계에서 인간들끼리의 접촉, 인간과 세계의 접촉은 모두 예측과 조작의 결과다. 학교 역시 계획화된 세계에 맞도록 인간을 가공하는 계획적 과정이 되었다. 즉 인간을 인간 자신이 만든 함정에 빠지게 하는 주요 도구가 되었다. 학교는 사람들 각각을 적절한 수준으로 준비시켜서 이 세계적 게임에서 한 역할을 할 수 있게 해주는 제도로 여겨진다. 이처럼 우리는 이 세계가 없어질 때까지 세계를 사정없이 경작하고 치료하고 생산하고 교육하고 있다.

군사 제도의 모순은 금방 알 수 있다. 그러나 비군사 제도의 모순은 꿰뚫어보기가 더 어렵고, 아무런 방해 없이 작동하기에 더욱 무섭기까지 하다. 우리는 핵의 대학살을 피하기 위해 어떤 스위치를 누르지 말아야 하는지 알고 있다. 하지만 생태적 아마겟돈을 늦출 수 있는 스위치는 없다.

고전 시대에 이르러 인간은 세계를 인간 계획에 맞춰 변형할 수 있음을 발견했다. 이런 통찰에 의해 세계란 본래 불안정하며, 비극적이면서도 희극적인 것임을 간파했다. 이후 민주주의 제도가 발전했고, 그 틀 안에 있는 한은 인간도 믿을 수 있는 존재로 여겨졌다. 적절한 민주 절차에 거는 기대와 인간 본성에 대한 신뢰가 서로 균형을 유지했다. 전통 직업이 발달하기 시작했고, 그와 함께 직업 훈련에 필요한 제도도 발전했다.

그런데 어느 사이엔가 제도적 과정에 대한 의존이 개인 선의에 대한 의존을 대체하고 말았다. 세계는 인간적 차원을 상실하고 원시시대의 특징이었던 사실적 필연성과 운명성을 다시금 갖게 되었다. 그러나 원시 때의 혼돈이 신비롭고 인간적인 신들에 의해 꾸준히 질서 있게 다스려진 반면, 오늘에 이르러 세상이 이런 모습을 하게 된 것은 인간의 계획 때문이다. 인간은 과학자, 기술자, 계획가의 노리개가 되고 말았다.

우리는 이런 논리가 우리 자신과 타인 속에서도 작동하고 있는 것을 본다. 나는 자동차가 하루 열 대 남짓 지나다니는 멕시코 마을을 알고 있다. 그 마을사람 한 명이 집 앞의 새 포장도로에서 도미노 놀이를 하고 있었다. 그 사람은 아마도 어릴 때부터 쭉 그렇게 앉아서 놀았을 것이다. 그런데 자동차 한 대가 그곳을 급히 달리다가 그 사람을 치어 죽였다. 그 사건을 내게 들려준 여행객은 몹시 분개하면서도 "그 사람이 자초했다"고 말했다.

언뜻 생각하면 여행자의 말은, 미개한 부시먼족 사람이 친구의 죽음을 두고 어떤 터부와 충돌해 그 탓으로 죽은 거라 말하는 경우와 다르지 않게 들린다. 그러나 두 가지 말은 전혀 다른 뜻을 가지고 있다. 즉 부시먼은 무섭고 말이 없는 초월적 대상에 탓을 돌리고 있는 반면, 여행객은 기계의 냉혹한 논리에 두려움을 느끼고 있는 것이다. 미개인은 책임감을 전혀 느끼지 않지만,

여행객은 책임감을 느끼면서도 그것을 거부하고 있다. 미개인과 여행객은 모두 비극의 고전적 양식, 곧 인간의 노력과 운명의 배반이라는 논리를 결여하고 있는 점에서는 동일하다. 그러나 미개인은 아예 그것을 의식하지 못하는 반면, 여행객은 그것을 상실했다는 점이 다르다. 부시먼의 신화와 현대 미국인의 신화는 모두 생명이 없는 비인간적 힘에 관한 것이다. 어느 쪽도 비극적 배반을 염두에 두고 있지 않다. 부시먼이 볼 때 그 사건은 마법의 법칙에 따른 것이고, 미국인이 볼 때 그것은 과학의 법칙에 따른 것이다. 그 사건에서 미국인은 기계의 법칙이라는 주문에 걸려 있는 것처럼 보인다. 그에게 있어 그 법칙은 물리적이고 사회적이고 심리적인 사건 모두를 지배하는 힘이다.

변화의 기운들

1971년의 분위기는 희망찬 미래를 찾아 중대한 방향 전환을 꾀하기 좋은 시기이다. 제도가 만든 생산물이 제도가 세운 목표를 끊임없이 배반하고 있다. 빈곤퇴치 계획이 더 많은 빈곤을 낳고 있고, 베트남 전쟁은 더 많은 베트콩을 만들고 있으며, 기술원조는 더 많은 저개발을 가져오고 있다. 산아제한 정책이 오히려 출산을 늘리고 인구를 팽창시키고 있다. 학교는 더 많은 탈락자를 만들고 있으며, 한 종류의 오염을 억제하면 흔히 다른 종류의 오염이 증가한다.

소비자들 역시 뭔가를 사면 살수록 더 많은 기만을 참아야 한다는 깨달음에 이르고 있다. 최근까지 이러한 역기능 현상의 광범위한 증가는 과학적 발견이 기술적 요구에 못 미치거나 다른 인종, 다른 이념, 다른 계급의 적대감 때문이라는 게 논리적인 듯 여겨졌다. 그러나 이제 과학의 황금시대와 모든 전쟁을 종식시킬 전쟁에 대한 기대는 사라지고 있다.

이런 경험을 맛본 소비자가 마술적 기술에 순진하게 의존하는 상태로 되돌아갈 리는 없다. 너무나 많은 사람들이 까탈스러운 컴퓨터, 의원성(醫原性) 감염, 도로와 대기의 정체, 통신망 장애와 같은 나쁜 경험을 겪어왔다. 불과 10년 전만 해도 다수의 통념은 과학적 발견의 증가를 바탕으로 더 나은 삶을 기대할 수 있다는 것이었다. 지금 과학자들은 아이들을 놀라게 하고 있다. 달 탐사선은 복잡한 시스템의 운영자들에게 있을 수 있는 인간적 실수를 거의 배제할 수 있음을 매혹적으로 증명했다. 그렇다고 해서 이것이 사람들의 두려움을 누그러뜨려 주는 것은 아니다. 가르쳐준 대로 소비했음에도 실패를 맛본 사람들이 통제 불가능할 정도로 늘어나고 있기 때문이다.

사회개혁가들도 1940년대의 가설로 되돌아갈 방법은 없다. 상품을 풍부하게 생산함으로써 상품의 공정한 분배 문제를 비껴갈 수 있다는 희망은 사라졌다. 현대인의 취향을 만족시킬 수 있는 가장 작은 패키지 상품의 가격마저 치솟아버렸고, 심지어 최신 취향의 상품에 사람들이 만족하기도 전에 상품이 진부해져버리는 일도 흔하다.

지구 자원의 한계도 점점 분명히 드러나고 있다. 과학이나 기술의 어떤 돌파구가 나온다 해도 부자 나라의 가난한 사람들이 지금 이용하는 정도의 일용품과 서비스를 전 세계 모든 사람에게 제공할 수는 없다. 이런 목표를 달성하려면, 설령 자원을 가장 적게 소모하는 대안적 기술을 사용한다 해도, 지금보다 100배 많은 철, 주석, 구리 및 납을 채굴해야 한다.

마지막으로 교사, 의사, 사회복지사들도 직업은 서로 다르지만 그 직무에 적어도 한 가지 공통점이 있다는 사실을 깨닫고 있다. 그들이 서비스 제도를 공급하는 속도보다 서비스에 대한 수요 증가가 훨씬 빠르게 일어나고 있다는 것이다.

그리하여 이제는 기존 통념의 일부가 아닌 그 논리 자체가 의심의 대상이 되고 있다. 대부분의 돈이 집중되어 있는 사회적, 지리적 영역의 좁은 범위 밖에서는 경제 법칙조차 설득력이 없어 보인다. 실로 돈은 가장 값싼 통화이지만, 화폐로 효율성을 측정하는 경제에서만 그러하다. 자본주의 국가와 공산주의 국가 모두 그 형태는 다양해도 달러로 표시되는 비용 대 수익의 비율로 효율성을 측정하는 데 집중하고 있다. 자본주의는 더 높은 생활수준의 과시로 그 우월성을 주장하고 있고, 공산주의는 더 높은 성장률을 자랑함으로써 결국 그들이 승리할 것이라고 자신한다. 그러나 어느 쪽이든 효율성을 높이는 데 드는 총비용은 기하급수적으로 증가하고 있다. 이 거대한 제도들이 어떤 목록에도 기재되어 있지 않은 대기, 바다, 고요, 햇빛, 건강 같은 자원을 놓고 치열하게 경쟁하고 있는 것이다. 그들은 이런 자원이 거의 돌이킬 수 없을 만큼 훼손되어야만 비로소 대중에게 자원 부족을 알릴 것이다. 어디에서나 자연은 유해하게 변하고 있고, 사회는 비인간적이 되고 있으며, 내면의 삶은 침해받고 있고, 개인의 소명은 질식되고 있다.

가치의 제도화에 전념하는 사회는 상품과 서비스 생산을 그것에 대한 수요와 동일시한다. 제품 가격에는 그 제품의 필요성을 가르치는 교육이 포함되어 있다. 이처럼 학교는 사회가 지금의 모습 그대로 우리에게 필요하다고 믿게 하는 광고 기관이다. 이런 사회에서는 한계가치가 끊임없이 부풀려진다. 이런 식의 가치는 소수의 최대 소비자로 하여금 지구를 고갈시키는 힘을 놓고 서로 경쟁하도록 만든다. 자신의 팽만해진 배를 더욱 불리고 힘없는 소비자를 억누르는 힘, 그리고 현재 가진 것에서 여전히 만족을 찾으려는 사람들을 무력화하는 힘을 둘러싸고 경쟁하도록 만든다. 따라서 불만족의 기풍은 물리적 오염, 사회적 양극화, 심리적 무능력의 근원이라 할 수 있다.

일단 가치가 계획적이고 기술적인 과정을 통해 제도화되면,

현대 사회의 구성원은 어떤 가치가 자신과 사회에 필요한지 정의해주는 제도가 있어야만 행복한 삶도 가능하다고 믿게 된다. 그런데 이런 제도화된 가치는 그 제도의 산출량 수준에 맞춰 정의될 수밖에 없다. 또한 인간의 가치도 이런 제도의 산물을 소비하고 태워버림으로써 새롭고 큰 수요를 창출하는 능력으로 측정된다. 소각 용량이 얼마나 큰가에 인간의 가치가 좌우되는 것이다. 이제 인간은 자신의 도구로 생산한 가치를 태우는 용광로로 정의된다. 그리고 그의 이런 능력에는 한계가 없다. 그의 행위는 극단에 이른 프로메테우스의 행위라 할 수 있다.

지구 자원의 고갈과 오염은 무엇보다도 인간의 자아상이 타락하고 의식이 퇴행한 결과이다. 어떤 사람들은 집단의식의 변질에 대해 말하고 싶어 한다. 그것이 인간을 자연과 개인에 의존하는 유기체가 아니라 제도에 의존하는 유기체로 보게 했다고 말이다. 계획된 치료 과정이 결국 치료 대상이 원하는 결과를 가져다 줄 거라는 믿음, 이런 실질 가치의 제도화, 이런 소비자 기풍이야말로 프로메테우스적 오류의 핵심이다.

전 지구적 환경에서 새로운 균형을 찾고자 하는 노력은 가치를 얼마나 탈제도화할 수 있는가에 달려 있다. 인간을 '호모 파베르'(*homo faber*, 제작하는 인간)로 보는 관점에 문제가 있다는 의심은 자본주의 국가, 공산주의 국가, 저개발 국가를 불문하고 점차 늘고 있는 소수파들에게서 공통적으로 발견된다. 어떤 계급이든, 어떤 소득수준, 종교, 문명권이든 이런 사람들이 있다. 그들은 다수의 신화, 곧 과학적 유토피아, 이데올로기적인 악마숭배, 상품과 서비스의 평등한 분배라는 신화를 경계한다. 그들은 함정에 걸렸다는 느낌을 다수와 나누고자 한다. 그들은 아무리 폭넓은 합의로 새로운 정책을 채택한다 해도 그것이 내세우는 목표와는 명백히 반대되는 결과에 이를 수밖에 없다는 인식을 다수와 나누려 한다. 우주인이 되고 싶어 하는 프로메테우스적 다수가 여전히 구조적 문제를 회피하는 것과 달리, 지금 부상하고 있는 소수는 과학이 만든 '기계 장치의 신'(*deus ex machina*), 이데올로기적 만병통치약, 악마와 마녀 사냥에 매우 비판적이다. 이 소수는 사슬이 프로메테우스를 바위에 묶어놓았듯이 끊임없는 기만이 우리를 현대 제도에 묶어놓고 있다는 의혹을 제기한다. 이런 고전적 아이러니(*eironeia*, 에이로네이아)와 희망에 찬 믿음이 함께할 때 프로메테우스적 오류는 폭로될 것이다.

프로메테우스는 보통 '앞서서 봄', 때로는 '북극성을 돌게 하는 신'으로 여겨지곤 했다. 그는 불을 관장하는 신 헤파이스토스를 속여 인간에게 쇠를 녹이는 방법을 가르치고 기술자의 신이 되었으나, 그 일로 인해 쇠사슬에 묶이는 처지가 되었다. 델피 신전에서 아폴론의 신탁을 받았던 여사제 피티아는 오늘날 삼발이 의자 대신 패널과 펀치카드 위에 앉아있는 컴퓨터로 대체되었다. 신탁의 6보격 시는 컴퓨터의 16비트 명령어로 대체되었고,

조타수 인간이 잡았던 키는 사이버네틱스 기계[41]로 대체되었다. 최후의 기계가 등장해서 우리의 운명을 제시하고 있는 것이다. 아이들은 우주선을 타고 황혼의 지구를 떠나는 꿈을 꾸고 있다.

달에 간 사람의 시각에서 볼 때 비로소 프로메테우스는 반짝이는 푸른 가이아가 희망의 행성이자 인류의 방주임을 깨달을 것이다. 지구의 유한성에 대한 새로운 감각과 새로운 향수만이 우리의 눈을 열어 판도라인 지구와 결혼한 에피메테우스의 선택을 알아볼 수 있게 해줄 것이다.

바로 이 지점에서 그리스신화는 희망찬 예언으로 바뀐다. 프로메테우스의 아들이 방주의 키를 잡은 데우칼리온이라고 알려주고 있기 때문이다. 그는 노아처럼 대홍수를 극복하고 에피메테우스와 판도라가 낳은 딸 퓌라와 함께 대지에서 새롭게 태어난 인류의 조상이 되었다. 우리는 판도라가 상자와는 전혀 다른 물건으로서 신들로부터 받은 퓌토스(*Pythos*)의 의미를 통해 새로운 통찰력을 얻는다. 즉 퓌토스는 항아리이자 방주였던 것이다.

이제 우리는 기대보다 희망에 가치를 두는 사람들의 이름이 필요하다. 상품보다는 사람을 더 사랑하는 사람들의 이름이 필요하다. 그들은 다음과 같은 것을 믿는 사람들이다.

---

41 오늘날 자기조절적 인공두뇌를 뜻하는 Cybernetics는 '키'[舵]의 그리스어인 '*kyber*'에서 온 말이다.

이 세상에 흥미롭지 않은 사람은 없다
사람의 운명은 별의 역사와도 같은 것
그 자체로 특별하지 않은 별은 없으며
어떤 별도 다른 별과 닮지 않았다

우리에게는 우리를 서로 만날 수 있게 해주는 지구, 그 지구를 사랑하는 사람들의 이름이 필요하다.

누군가가 어둠 속에서 살아왔고
그 어둠 속에서 친구를 얻었다면
어둠도 흥미롭지 않은 것이 아니다

우리는 프로메테우스의 아우들과 협력해 불을 붙이고 쇠를 담금질할 사람들의 이름이 필요하다. 하지만 그들이 그런 일을 하는 것은 다른 사람을 배려하고 돌보고 기다리는 능력을 향상시키기 위해서다. 그들은 다음과 같은 사실을 아는 사람들이기도 하다.

누구에게나 그만의 비밀스러운 세계가 있다
이 세계에는 각자 최고의 순간이 있고
이 세계에는 각자 비통한 순간도 있으니

그 어느 순간도 그만의 것이다[42]

나는 이처럼 희망에 찬 형제자매들을 에피메테우스적 인간으로 부르자고 제안한다.

---

42 (원주) 세 개의 인용은 예브게니 옙투셴코(Yevgeny Yevtushenko, 1932~2017)의 『시 선집』에 있는 「민중」에서 따왔다. 로빈 밀너-굴란드와 피터 레비가 번역하고 서문을 쓴 펭귄북스 1962년판을 허가를 받아 인용한다.

배움이 다시 우리의 '희망'이 되려면

이반 일리치의 책을 처음 접했거나 그에 대한 사전 정보가 없는 독자라면 이 책을 읽으면서 조금 당황했을지도 모르겠다. 우리나라 교육의 고질적 문제인 주입식 교육과 획일화 교육, 그리고 지독한 입시 경쟁에 문제의식을 가진 독자라 해도, 학교를 넘어서 아예 오늘날의 '교육'(education)과 '가르침'(teaching)이라는 행위 자체를 격렬히 비판하는 일리치의 논지는 꽤나 낯설고 거칠게 들릴 수 있기 때문이다. 더구나 이 책이 처음 나온 1971년 시점에 주로 미국과 라틴아메리카의 상황을 예로 들어 서술한 부분들에는 이입하기가 더 어려운 듯하다. 어쨌든 이후 50년 동안의 변화와 발전으로 전 세계 교육 상황은 한결 나아진 것처럼 보이니까 말이다.

그러나 과연 그러할까? 찬찬히 따져보면 일리치의 주장은 오늘날에도 그다지 어긋남이 없어 보인다. 그의 논점은 크게 두 가

지다. 의무화된 학교교육 또는 제도교육이 첫째는 사회적 불평
등을 심화하는 역할을 하고 있고, 둘째는 시민의 자유를 억압하
고 있다는 것이다. 이 주장을 오늘의 현실에 비춰 잠시 생각해
보자.

불평등의 심화, 자유의 억압

보편적 의무교육을 지지하는 사람들과 대다수 교육자들은 여
전히 학교가 기회의 사다리를 제공하며 사회적 평등에 한 걸음
다가갈 수 있게 해준다고 믿는 듯하다. 하지만 보편과 평등의 원
리 위에 세워진 근대의 공교육이 이제는 졸업장과 성적에 의한
등급 매기기 제도로 변질하여 기존의 불평등을 추인하는 역할
을 하고 있는 현실은 부인하기 어렵다. 즉 교육이 기회의 사다리
를 놓아주기는커녕 부모의 부와 능력에 힘입어 경쟁의 좁은 문
을 통과한 이들에게만 사회적 기회를 부여하는 선별적 통과 의
례가 되었다는 얘기다. 교육은 이제 빈부격차를 더욱 벌리고 '부
의 대물림'을 정당화하는 절차로 기능한다. 세계 어느 나라나 이
런 상황은 비슷하거니와 우리나라도 예외가 아니다. 특히 한국
의 학교교육은 수월성(秀越性)이라는 이름 아래 쭉정이 골라내
기 교육이 되어, 한편으로는 능력주의 사회의 탈락자들을 양산
하는 기능을 하고 있고, 다른 한편으로는 입시 경쟁을 위한 엄청

난 사교육비―성공 확률이 희박한 도박판의 판돈 같은―로 가정 경제를 갉아먹는 주범이 되었다. 하지만 '능력' 혹은 '수월성'이란 무엇인가? 학생의 학업 능력이 대개는 고학력의 부유한 부모에게서 이전된 능력임을 부정할 수는 없을 것이다. 문제는 이런 불평등 구조가 예전의 가정교육 같은 사적 영역이 아닌 학교교육이라는 공식적 절차를 통해 고착되고 있다는 것이다.

그뿐이 아니다. 오늘날의 교육제도는 다른 측면에서도 불평등을 심화하는데, 모두가 공평하게 내는 세금이 고등교육이나 특정 대학 등에 주로 지원됨으로써 선택된 일부에게 더 많이 쓰이는 것이 그러하다. 이런 특혜가 '뛰어난 인재 양성'이라는 명분대로 사회 전체의 자산으로 환원될까? 부의 재분배 시스템이 원래 허약한 사회에서 교육은 그 자체로 기울어진 운동장이 되어 더 큰 빈부격차를 생산하며, 그 격차를 합리화하는 이데올로기로 봉사하기까지 한다.

또한 의무화된 학교교육은 자유로운 배움의 기회를 빼앗는 역할도 한다. 한국의 경우를 보자. 1만여 곳에 이르는 전국 초·중등학교에서 5백만 명이 넘는 아이들이 교육부가 편성한 '교육과정'에 맞춰 똑같은 것을 공부하는 모습은 차라리 기이하다고 할 만하다. 저마다 다른 환경에서 각자의 미래를 위해 써야 할 시간과 비용을 제도화된 교육이 독점하고 있는 것이다. 결국 입시 경쟁의 수단밖에 되지 않는 이 획일적 교육과정 아래서는 창의성 없는 순치된 시민들만 배출될 것이다. 학교 졸업 후에는 한 번도 쓸 일이 없는, 시험 치르는 데만 필요한 지식을 위해 우리는 시간과 비용을 투자하고 자유로운 배움의 기회를 박탈당하고 있다.

제도교육이 강제적이고 획일화된 교육과정을 포기하지 않는 이유는 아마도 시민의 창의성보다는 기존 시스템에 끼워 맞출 수 있는 부품을 공급하는 것이 국가와 경제에 더 도움이 되기 때문일 것이다. 이런 필요성을 입증이라도 하듯 한국의 새 정부는 교육부를 경제부처의 하나로 생각해야 한다면서 '고등교육정책실'을 '인재정책실'로 개편하려는 중이다. 인간을 산업 시스템에 갈아 넣는 일개 자원으로 보고, 배움이란 것 역시 인격의 완성이나 문화 발전의 토대가 아니라 국가경제 성장을 위한 기능적 수단 정도로 여기고 있는 것이다. 그러나 수단화된 교육, 개인 편차를 고려하지 않는 획일적 교육과정, 불평등만을 재생산하는, 가르치기 위해 가르치는 교육은 실패할 수밖에 없다. 무려 50퍼센트에 이른다는 미국 공립학교 중퇴율이 그 증거다. 이유야 저마다 다르겠지만 학생들은 학교교육이 자기 삶에 별로 쓸모가 없다는 것을 이미 깨닫고 있는 듯하다.

이반 일리치는 현대 교육이 가진 이런 문제점이 본질적으로는 강제적이고 의무화된 학교교육 시스템에서 유래하는 것으로 본다. 누구에게나 똑같은 시간과 비용을 강요하지만 기회는 달리 배분하는 교육이 불평등을 심화하고 시민적 자유를 억압하는 결과를 낳고 있다는 얘기다. 이런 문제는 역시 의무교육을 채택하고 있는 우리나라의 경우에도 다르지 않을 것이다. 더욱이 한국은 특목고, 자사고, 대학 서열화 등으로 교육의 불평등 구조를 아예 노골적으로 제도화한 경우라 할 수 있다. 우리에게 이 책이 더 의미심장하게 읽히는 이유이기도 하다.

이 책을 다시 출간하기까지

일리치의 『학교 없는 사회』가 우리말로 번역된 것은 1970년대 말부터 다섯 차례에 이른다. '탈학교 사회' 또는 '학교 없는 사회'로 제목을 바꿔가며 출간되었는데, 2009년에 또 한 번의 번역이 나온 것이 마지막이다. 그간의 번역에 문제가 있었다고는 하지만(이렇게 지적한 2009년의 번역이야말로 숱한 오역과 비문으로 가득하지만), 이 책이 이렇게 여러 번 번역된 데는 교육 문제에 대해 그만큼의 절실함이 있었다고 봐야 할 것이다.

옮긴이가 이 책을 처음 접한 것은 1980년대이다. 당시 대학가에서 이 책은 거의 베스트셀러에 준할 만큼 읽혔는데, 거기에는 그럴 만한 사정이 있었다. 「국민교육헌장」이라는 포고문에 표현된 국가주의 이데올로기, 그 위에 수립된 제도권의 획일화 교육에 대한 비판이 거세게 일던 때였다. 대학생들은 소그룹별로 '의식화 교육'이라는 정치적 대안 교육을 스스로 시도하고 있었고, 소외된 계층을 위한 노동야학이나 생활야학에 나선 학생들에게 도 특별한 교육적 지침이 필요하던 상황이었다. 이러한 활동들 에 이론적 바탕을 제공하는 책들로 파울루 프레이리의 『페다고 지』를 비롯하여 이반 일리치의 이 책과 에버렛 라이머의 『학교 는 죽었다』 등이 주로 읽혔던 것이다.

그러나 당시의 관심이 이 책들에 담긴 교육 정신과 철학을 제 대로 소화했는지는 의문이다. 교육 자체에 대한 문제의식보다는 학생, 노동자 등의 정치적 각성에 더 관심이 컸고, 당시의 군사 정부에 대한 저항적 의도가 앞서 있었기 때문이다. 일리치의 책 역시 저자가 전하려는 메시지보다는 다소 방편적인 의도로 읽혔 던 것 같고, 프레이리가 주창한 의식화 교육도 정치적 저항의 일 환으로 수용된 측면이 컸던 것 같다.

이런 상황에서 학교교육과 근대의 교육 이념을 거부하고 '학 교 체제' 자체를 비판 대상으로 삼은 일리치의 메시지가 얼마 나 급진적인 것인지를 알아챈 사람은 많지 않았던 듯하다. 학교 가 그렇게 문제라는 말인가? 우리에게는 오히려 학교교육이 적 어서 문제 아닌가? 하지만 일리치는 이 책에서 불평등은 학교교 육에 내재된 것이고, 그러므로 우리는 단순히 학교를 개혁하거 나 해방시키는 것을 넘어 '학교로부터 사회를 해방시켜야 한다' 고 주장한다. 저자의 이런 생각은 책 제목에도 잘 드러나 있다.

'Deschooling Society'라는 원제는 정확하게는 '학교교육이 없는'이라는 소극적 의미를 넘어서 '사회가 학교로부터 벗어나야 한다'는 적극적 의미로 해석할 수 있다. 못 배운 이들이 자신의 가난한 처지를 '학교교육을 받지 않아서'라고 받아들이듯이 학교는 기존의 사회적 피라미드를 재생산하는 역할을 한다. 학교는 그 정도로 강력한 이데올로기이자 통치 제도가 되었으며, 따라서 우리는 이런 학교 이데올로기에 의존하는 사회, 곧 '학교화된' 사회 전체를 해방시켜야 한다. 'deschooling'이라는 단어에 담긴 저자의 진의는 그런 것이었다.

일리치 사상의 얼개

이 책의 주제를 언급하기에 앞서 일리치의 사상 전반을 잠시 짚어볼 필요가 있겠다. 일리치의 책들은 주제와 주장이 내적으로 긴밀히 연결되어 있어서 어느 한 책으로 시야를 좁히면 그의 생각을 제대로 포착하기 어렵기 때문이다.

가령 이 책에서 저자가 스치듯 언급하는 'subsistence' 같은 단어가 그러하다. 본문에서 '이럭저럭 살아가다'로 옮긴(209쪽 옮긴이 주 참조) 이 단어는 근대 시장경제가 탄생하기 이전에 자급자족적 경제를 일구며 살아가던 전통적 삶을 지칭하는 칼 폴라니의 용어로, 과학적이고 합리적인 계획에 따른 삶에 대비되는 인간의 본원적 삶을 강조하려는 일리치의 의도가 배어있다. 또한 'education'이라는 단어도 후일의 저서 『그림자 노동』을 보면 좀 더 명확한 설명이 나온다. 'educatio'(에두카티오)라는 라틴어 어원은 근대 국민국가 성립과 긴밀한 관계가 있는데, 교육학계의 속설처럼 '(인간의 가능성을) 끄집어낸다'는 의미의 'educat'가 아니라 '기른다'는 의미의 'educit'에서 나온 것이라고 한다. 국민을 양육하는 일은 원래 가톨릭교회가 '젖먹이'로 여긴 신자들에 대해 자임하던 역할이었는데, 교회의 이런 보호 체제가 근대의 국민교육 체제로 이어졌다는 설명이다. 이런 점을 고려하면 본문에서 왜 저자가 학교 제도를 국교 수립(establishment)에 비유하고 그것의 헌법상 폐지를 주장하는지 이해할 수 있다.

일리치의 사상 전체는 이처럼 각각의 책들에 흩어져서 하나의 큰 책을 이루고 있다고 할 수 있다. 일리치를 읽는 데 어려움이 따르는 것도 이 때문인데, 그의 '큰 책'에서 몇 가지 주요 개념을 짚어둔다면 이 책과 그의 사상 전반을 이해하는 데 도움이 될 것이다.

일리치가 가장 큰 관심을 가졌던 주제는 **호모 에코노미쿠스**(*homo economicus*)라는 근대적 인간이 탄생한 과정이다. 우리는 근대 문명을 인류 진보의 당연한 귀결처럼 생각하지만, 일리치는 수천 년 인류 역사에서 근대야말로 인간의 본래 삶에서 벗어난 매우 기이한 시대로 본다. 왜냐하면 인간이란 땅(자연)이 허용하는 제한조건 안에서 자급자족과 상부상조라는 사회적 관계를 통해 최소한의 행복을 구가하고 자율적 삶을 이어가던 존재였는데, 이런 관계에서 풀려나와 하나의 '경제 단위'로서의 인간이 처음 등장한 시대가 근대이기 때문이다. 대량생산과 대량소비를 근간으로 한 자본주의 산업 체제에서 생산-소비에 최적화된 주체가 바로 '호모 에코노미쿠스'이다. 표준적 시민으로서 호모 에코노미쿠스를 주조하기 위해서는 자본주의적 등가 교환의 기초인 화폐처럼 먼저 언어를 통일할 필요가 있었고, 그 다음으로 보편 교육이 필요했다. 보편 의무교육이라는 근대적 교육 체제는 시작부터 경제적 요구와 긴밀히 연결되어 있었던 것이다.

호모 에코노미쿠스는 인간을 바라보는 근대 경제학의 관점과도 통한다. 근대의 주류 경제학은 '주어진 자원은 희소한데 인간의 욕구는 무한하다'는 **희소성 법칙**(Law of Scarcity)에 근거하여 성립되었다고 할 수 있다. 그런데 일리치는 이 법칙이야말로 인간을 '필요의 동물'로 만들기 위해 꾸며낸 허구에 불과하다고 본다. 인간은 최소한의 도구를 만들어서 스스로 땅을 일구며 생존을 도모하는 존재였고, 또 자연은 적절한 한도 내에서 인간에게 충분히 만족할 만큼의 혜택을 베푸는 터전이었기 때문이다. 다시 말해서 **필요**(needs)란 산업 체제가 생산한 상품의 소비를 위해 인간에게 원래 존재하지도 않는 것을 불가피한 조건인 양 덧씌운 것에 불과하다는 얘기다. 사실 우리가 꼭 필요하다고 여기는 생산품들은 그것을 보기 전까지는 우리에게 필요한지 몰랐던 것들이 대부분이다. 근대 경제학은 이처럼 한편으로는 자연의 희소성을, 다른 한편으로는 인간의 필요를 지어냄으로써 생산과 교환의 시장경제가 인간에게 본래적인 것처럼 주장하는 이데올로기로 기능해왔던 것이다.

일리치에게 필요의 경제가 문제인 것은 무엇보다 인간의 자급자족 능력 곧 자연의 혜택에 의지하여 스스로 생계를 꾸려갈 수 있는 본연의 능력을 앗아가기 때문이다. **자급자족**(subsistence)은 시장의 한 요소로 함몰되지 않는 자립적 인간 활동의 물질적 측면을 가리키는 개념이기에 일리치에게 있어 더없이 중요한 위치를 차지한다. 그것은 인간의 공동체적 관계 안에 단단히 묻혀있는(embedded) 경제를 가리키는 말이기도 하다. 그러나 이러한 관계와 문화적 맥락에서 뽑혀나간(disembedding) 시장경제가 성립하면서 교환가치—그것의 표현물이 곧 상품이다—가 인간 삶을 독점하는 체제로 이행했다는 것이다.

상품이 아니면 필요를 충족할 수 없는 불구화된 삶을 극복하고 자립적 삶을 회복해야 한다는 일리치의 주장은 제도 비판으로 이어진다. 우리는 이제 제도가 공급해주는 상품과 서비스가 없으면 단 며칠의 생활도 유지할 수 없게 되었다. 학교가 아니면 배울 수 없고, 병은 병원에 가야만 고칠 수 있으며, 차가 없으면 가까운 거리도 이동하기 어렵다는 믿음은 필요의 경제가 만들어낸 허구이다. 이런 신화로 인해 인간의 자립적인 활동은 누추하고 무가치한 것이 되었다. 친구들과의 즐거운 오락보다는 TV의 볼거리가 훨씬 자극적 쾌감을 주고, 비닐 포장에 담긴 새 메뉴의 음식이 흙 묻은 식재료로 차려낸 한 끼 식사보다 더 인정을 받는 사이, 우리는 내 손으로는 무엇 하나 제대로 해내지 못하는 무능한 존재가 되고 말았다. 특히 학교, 의료, 교통은 인간의 삶을 근대 산업 체제에 포획하기 위한 대표적 제도들인데, 일리치는『학교 없는 사회』,『의료의 한계』,『행복은 자전거를 타고 온다』등에서 이 제도들의 문제를 통렬히 비판한다.

일리치는 이렇게 우리 삶이 근대 산업 체제에 붙들린 상태를 **근본적 독점**(radical monopoly)이라 부른다. 여기서 독점은 두 가지 형태로 나타나는데, 하나는 전문가의 독점이고 다른 하나는 상품의 독점이다. 상품과 서비스의 생산-소비 위에서 작동하는 산업 체제는 필연적으로 그것들을 계획하고 생산하는 자본가들, 관리자들, 전문가들의 독점을 낳을 수밖에 없다. 또한 상품이 필요를 독점한 세상은 곧 우리의 삶이 상품에 의해 점유된 세상이기도 하다. 인간은 상품에 의존하여 삶을 영위하는 존재로 위축되었고, 자율적 삶의 가능성을 상품 생산체제와 생산자에게 헌납한 한낱 소비자 신세로 추락했다는 것이다. 이렇게 무능해진 삶의 양태와 전문가 독점을 다룬 책이『전문가들의 사회』와『누가 나를 쓸모없게 만드는가』이다.

일리치의 화살은 제도 비판에 그치지 않는다. 그는 근대 자본주의 사회가 대량생산과 소비를 통해 자신을 유지하고 끝없는 성장을 도모하지만, 내부로부터의 모순으로 인해 결국 자신을 악화시킬 처지에 있다고 한다. 그 이유는 바로 **역생산성**(counter-productivity) 때문이다. 역생산성이란 상품과 서비스의 생산이 일정 한도를 넘어서면 포화와 정체를 일으켜서 만족이 오히려 저하되는 것을 말한다. 편리하려고 탄 자동차가 도리어 이동 시간을 훨씬 더 많이 소모한다든지, 최신 기기들에 밀려 간단하고 쓸모 있는 옛 도구들이 모조리 사라진 것이 그러하다. 이 책에서도 예전의 라디오는 쉽게 고치고 개조하여 쓸 수 있었지만, 복잡한 기능을 가진 최신의 라디오는 한 번 고장이 나면 버릴 수밖에 없는 경우를 예로 들고 있다. 물론 이 역생산성은 필요 없는 기능까지 패키지로 묶어서 판매하는 상품의 논리 때문이다. 한 번 의존하면 끝까지 의존할 수밖에 없는 제도적 서비스 역시 마찬가지다. 즉 역생산성은 단순한 도구적 차원만이 아니라 사회 전체에서 광범위하게 일어나고 있는 현상이다. 도시 밀집이 슬럼을 낳고, 고속도로가 유령마을을 만드는 것도 상품과 제도적 서비스가 만들어낸 결과라 할 수 있다.

이와 함께 나타나는 또 하나의 현상이 **가난의 현대화**(modern-ization of poverty)이다. 과거의 가난은 기술의 한계와 자연의 제약 때문에 불가피하게 겪는 것이었고 근근하게나마 생존을 도모할 수 있는 정도의 일상적 환경이었다. 반면에 현대의 가난은 상품 사회에서 배제된 사람들이 겪는 지극히 현대적인 현상이라고 일리치는 말한다. 자급자족의 환경과 능력을 빼앗긴 사람들이 상품과 서비스마저 이용할 수 없는 상태에 처했을 때 현대적인 가난을 겪는다. 그런 점에서 산업 사회는 매우 모순된 구조를 가지고 있다. 대량생산과 소비로 자연을 끝없이 낭비하면서도, 사람들에게는 자연을 직접 이용할 수도, 상품을 통해 충분한 만족을 얻을 수도 없게 하기 때문이다. 역생산성의 효과 때문에 아무리 필요를 충족해도 사람들은 늘 좌절과 불만의 빈곤한 상태를 견뎌야 한다.

필요의 발명, 상품 독점, 역생산성이라는 효과가 집중적으로 일어나는 장소는 결국 인간의 삶이다. 일리치는 이와 대비되는 인간 삶의 이상적 형태를 **공생공락**(conviviality)이라는 말로 표현한다. 꽤나 어려운 이 단어는 함께(con-) 즐겁고 활기찬(vivere) 상태를 말하는데, 일리치는 '에우트라펠리아'(eutrapelia)라는 그리스 어원의 단어로 이 말을 풀이한 적이 있다. 친구들끼리 악의 없는 조롱을 건네며 즐겁게 시간을 보내는 잔치석상의 분위기를 가리키는 말로, '절제된 즐거움'이라는 뜻을 내포하고 있다. 일리치의 관심은 제도에 포획된 인간의 무기력한 삶과 끝없는 욕구의 늪에서 벗어나 인간의 생기 넘치는 실존과 공동체적 삶을 회복하는 데 집중되어 있었다.

이상의 요약에서 보듯이 우리는 일리치의 관심이 그저 현대 문명을 비판하거나 당장의 정치적 변혁을 꾀하는 데 있지 않았다는 것을 알 수 있다. 그의 관심은 무엇보다 인간의 타고난 자율성을 회복하는 데 있었다. 그는 인간을 제도화된 상품의 세계에서 해방시키는 것이 곧 산업적 착취의 대상이 된 자연을 해방시키는 일이라고 주장한 점에서 선구적인 생태 사상가로 이해되기도 한다. 또한 일리치는 처음부터 끝까지 가톨릭 신앙을 버리지 않았고, 인간을 스스로 성화될 수 있는 존재로 믿었다는 점에서 영성의 사상가라고도 할 수 있다. 신이 선사한 인간의 자유와 자기실현의 소명을 되찾아야 한다는 믿음, 그것이 일리치 사상의 근본일 것이다.

학교, '가치'를 독점한 체제

이 책 『학교 없는 사회』를 비롯하여 『깨달음의 혁명』『행복은 자전거를 타고 온다』『의료의 한계』 등은 일리치의 저술 생애에서 초기작으로 묶을 수 있는 저작들이다. 일리치는 1970년대에 주로 쓴 이 책들에서 현대의 사회적, 생태적 위기가 동시대의 제도에서 비롯된 것으로 보았고, 학교, 교통과 에너지, 의료 등을 주요 제도로 꼽았다. 이후 일리치는 1980년대에 들어와서는 이 제도들이 생겨난 역사적 연원에 관심을 가진다. 『그림자 노동』 『젠더』 『H$_2$O와 망각의 강』 등이 그런 저술이다. 공유(commons) 가 파괴되고 인간의 삶과 환경 모두가 산업적 대상으로 바뀌던 중세 말과 근대 초의 변화에 눈을 돌린 것이다. 1990년대 이후 그는 역사적 탐구에서 한 걸음 더 나아가 현대인의 인식 체계와 사고방식이 어떻게 만들어졌는지를 추적하는 작업에 몰두한다. 말하자면 현대 제도가 만들어진 역사적 배경에서 의식의 형성 과정으로 더욱 깊이 들어간 것이다. 말년의 이 시기에 나온 저작 들이 『과거의 거울에 비추어』와 『텍스트의 포도밭에서』 등이다.

일리치의 이런 저술 생애에서 볼 때, 이 책 『학교 없는 사회』 는 단지 학교교육 하나만을 비판하고 대안을 제시한 책으로 볼 수 없다. 일리치가 학교를 문제 삼은 것은 무엇보다 그것이 산업 적인 서비스 제도의 생산양식을 대표하기 때문이다. 일리치는 학교의 이런 기능을 '가치의 제도화'라는 말로 표현한다.

"학교는 학생들을 '학교화'함으로써 배우는 과정과 배움 자체 를 혼동하게 만든다. 이렇게 과정과 실질의 경계가 모호해지면 새로운 논리가 등장한다. 즉 더 많은 처치를 할수록 더 좋은 결 과가 나온다거나, 단계를 잘 밟아나가면 성공에 이를 수 있다는 논리가 그것이다. (…) 이렇게 되면 학생의 상상력마저 학교화되 어 진짜 가치 대신 서비스를 가치인 양 받아들이게 된다. 즉 의료서비스를 건강으로, 사회복지를 사회생활 개선으로, 경찰 보호를 안전으로, 무력에 의한 균형을 안보로, 무한경쟁을 생산적 활동으로 오해하게 된다. (…) 이 책에서 나는 이런 **가치의 제도화**가 필연적으로 물리적 오염, 사회적 양극화, 심리적 무능력을 초래한다는 사실을 보여주려 한다. 전 지구적인 퇴행과 현대화된 가난이 생겨난 과정에는 이런 세 가지 차원이 있다."(17~18쪽)

이 책 첫머리에 기술된 문장은 더 이상의 부연이 필요 없을 만큼 저자의 생각과 이 책의 의도를 잘 말해주는 듯하다. 학교는 '배움'이라는 인간의 자율적 활동을 교육의 '필요'로 바꾸고 그것을 하나의 서비스 상품으로 판매하는 기업적 제도이다. 학교는 또 '숨은 교육과정'(hidden curriculum)을 통해 사회 전체에 이런 서비스를 강요하는 이데올로기로도 기능한다. 즉 제도가 제공하는 상품과 서비스가 아니면 배움도 만족도 얻을 수 없다는 믿음을 사회에 주입함으로써 사회 전반의 숨은 교육과정을 구성한다는 것이다.

일리치는 이런 제도들의 대표적 사례로 교육, 의료, 교통을 꼽는데, 그 이유는 이 제도들이 자기 분야를 넘어서 타 분야에 대해서까지 권리를 주장하는 경향이 있기 때문이다. 예컨대 현대 의료는 아이의 폭력적 성향을 빈곤한 생활환경이나 부모로부터 방치된 결과로 보지 않고 그 아이의 병증으로 봄으로써 사회 문제를 개인화하고 의료의 대상으로 삼는다. 마찬가지로 학교 체제는 '평생교육'이라든지 '부모교육'과 같은 형태로 학교 서비스가 학교 밖에서도 계속되어야 한다고 주장한다. 우리는 죽을 때까지 학교를 졸업한 것이 아니다.

일리치는 이처럼 학교가 평생의 서비스로 우리 삶을 구원해줄 것처럼 말하는 점에서 과거 종교의 의례와 꼭 닮았다고 한다. "나는 교회 의식에 대한 수요가 한 사람의 일생 너머까지 이어졌던 중세 말을 떠올린다. '연옥'이 만들어진 것은 사람들이 영원한 삶에 들어가기 전에 교회의 주재로 영혼을 정화받게 하기 위해서였다. (…) 지금은 끝없는 소비라는 신화가 영원한 삶에 대한 믿음을 대체하였다."(96~97쪽) 여기서 '연옥'이란 말을 '필요'로 바꿔서 읽어보자. 교회 의례가 신앙을 대체한 것처럼 학교는 교육과정이라는 일련의 의례적 절차로 배움을 대체하였고, 성직자들이 면죄부 발부의 권한을 행사한 것처럼 교사와 교육 관료들은 졸업장과 자격증 발부의 권한으로 '구원'을 독점하고 있는 셈이다.

학교가 이렇게 구원에 대한 권리를 주장함에 따라 교육에 이용할 수 있는 자금, 인력, 선의를 독점하는 것도 당연하게 여겨지게 되었다. 그리하여 이제는 노동, 여가, 정치활동, 가정생활조차 교육의 기회를 제공하지 못하고 우리는 학교 서비스에 의존해서만 배움을 얻을 수 있는 처지가 되었다. 근본적 독점이란 이런 것이다. 필요의 발명, 근본적 독점, 학교를 다니면 다닐수록 삶의 질이 오히려 후퇴하는 역생산성, 불평등과 현대화된 가난 같은 산업 체제의 병폐가 학교에 고스란히 내재되어 있는 것이다.

일리치가 학교를 무조건 폐지하자고 주장하는 것은 아니다. 그는 학교를 '조작적 제도'가 아닌 '공생적 제도'로서 다시 설계함으로써 학교교육의 병폐를 벗어날 수 있다고 본다. 학교가 독점하고 있는 교육자료(사물), 기술지도(모범), 인적 교류(동료), 전문교육자(스승)를 상호 조력의 네트워크로 엮음으로써 기회의 '사다리'를 기회의 평등한 '연결망'으로 바꿀 수 있다는 것이다. 일리치가 구상하는 학습 네트워크는 **공생공락의 사회**라는 이상과도 통한다. 즉 "교육이라는 연결망이 사람들 각자에게 기회를 열어주어, 자기 삶의 매 순간을 배움과 나눔과 돌봄의 순간으로 바꿀 수 있게 해주는"(11쪽) 사회 말이다.

프로메테우스적인 '기대'에서 에피메테우스적인 '희망'으로

이 책의 마지막 장에서 일리치는 일종의 결론으로서 인간과 사회를 바라보는 틀을 제시하고 있다. 일리치가 학교 없이도 풍요로웠던 과거 민중의 삶을 자주 거론하고는 있지만, 그렇다고 해서 복고적이고 퇴행적인 사회관을 가졌던 것은 아니다. 일리치는 '나눔'과 '돌봄'이라는 공생공락의 삶을 인간의 최고 가치로 본다. 하지만 의외로 그는 우리가 '진보적'이라 부르는 복지국가 시스템에도 반대하는데, 복지국가 역시 조작적이고 계획적인 과정을 통해 돌봄을 제도화하는 체제이기 때문이다. 일리치는 이런 제도화에 대비하여 성경에 나오는 '착한 사마리아인'의 일화로 나눔과 돌봄의 정신을 설명한 적이 있다. 누군가의 명령이나 제도적 의무와는 아무 상관 없이 강도당한 사람을 스스로 구하고 돌본 사마리아 사람의 행위는 우리에게 두 가지 시사점을 던져준다. 인간은 첫째, 자율적이고 독립적인 의지로 자신의 행위를 결정하는 존재이며, 둘째, 제도에 의존하기보다는 서로를 돕고 상호 의존함으로써 살아가는 존재라는 것이다.

일리치에 따르면 이런 인간의 가치는 앞만 보고 달려가는 계획적이고 합리적인 '진보'의 정신보다는, 자신이 출발한 곳을 되돌아보고 반성 속에서 '희망'을 싹틔우는 정신에서 나온다고 한다. 일리치는 이것을 프로메테우스적인 정신과 에피메테우스적인 정신으로 표현하는데, 『녹색평론』 발행인이었던 고 김종철 선생은 두 가지 정신의 차이를 한 강연에서 이렇게 풀이한 바 있다.

"『학교 없는 사회』의 맨 마지막 장에서 일리치는 이제 인류사회가 프로메테우스가 아니라 그 동생 에피메테우스를 기리지 않으면 안 된다고 말하고 있는데, 이게 의미심장해요. 프로메테우스가 앞을 보는 신화적 인물이라면 에피메테우스는 뒤를 돌아보는 인물이죠. 그래서 인류에게 불을 가져다준 프로메테우스는 늘 전진하는 진보의 표상으로 추앙받아왔잖아요. 근현대의 진보적인 사회사상가들 사이에서 프로메테우스는 늘 영웅이었죠. 반면에 에피메테우스는 기껏해야 인류사회에 갖가지 재앙과 질병을 퍼뜨린 판도라의 남편으로 기억되었을 뿐이에요. 엉터리 여자에게 장가를 간 바보 같은 놈으로 취급을 당해왔어요. 마르크스의 영웅도 프로메테우스에요. 그러나 일리치는 거꾸로 보고 있습니다. 지금 인류에게 필요한 것은 에피메테우스이지 프로메테우스가 아니라는 거죠. 이것은 끝없이 앞으로만 돌진하다가 지금 생태적 파국이라는 벼랑 끝에 도달한 산업문명의 행로를 들먹일 것도 없이 분명한 사실이에요. 앞을 내다보는 만큼 끊임없이 뒤를 돌아보는 지혜로움이 있어야 하는 거죠."(『근대 문명에서 생태 문명으로』, 105쪽)

일리치는 프로메테우스와 에피메테우스가 각각 상징하는 정신적 태도들을 **기대**(expectation)와 **희망**(hope)이라는 말로도 설명하는데, 이 단어들에서 그의 생각을 더 뚜렷이 엿볼 수 있다. "우리는 여기서 희망과 기대를 다시 구별해볼 필요가 있다. 희망이란 적극적인 의미에서 자연의 선함을 믿는다는 뜻인 데 반해, 기대라는 말은 인간의 계획과 통제에서 나온 결과에 의존한다는 뜻이다. (…) 기대란 우리가 요구할 권리가 있는 것을 생산해주리라 예측되는 과정으로부터 만족을 얻기를 바라는 것이다."(89쪽, 208쪽 참조.) 학교에 대해서 말하자면, 우리는 학교를 통해 앞으로의 삶에 대한 희망을 배우기보다는 계획된 생산품과 서비스를 누릴 수 있기를 기대하는데, 이런 제도화된 가치를 주입하는 교육이야말로 필요의 경제에 봉사하는 교육이라 할 수 있을 것이다.

일리치는 에피메테우스의 아내 판도라가 원래는 재앙의 여인이 아니라 대지의 여신이었음을 알려주면서, 그녀가 희망을 남겨놓았다는 데 주목한다. 우리는 앞날을 예측할 수 없지만 '자연의 선함'을 믿고 살아갈 수 있으며, 그 속에서 삶의 경이로움을 만날 수 있다는 것이다. 사마리아 사람의 계산 없는 행위로 인해 삶의 경이로움을 맛보았을 강도당한 이처럼 말이다.

제도는 이런 경이를 가져다줄 수 없다. 합리적인 계획과 과학적 정신을 상징하는 프로메테우스가 결국 우리에게 가져다준 것은 기후 위기와 같은 생태적 파국과 사회적 관계의 와해이다. 일리치가 현대의 위기로 제시한 물리적 오염, 사회적 양극화, 심리적 무능력이라는 세 가지 퇴행은 에피메테우스의 반성적 지혜를 통해서만 희망으로 바뀔 것이다. 그리고 이 사회에 만연한 '학교'라는 이데올로기로부터 사회를 해방시키는 데서 그 첫걸음이 시작될 것이다.

2023년 1월

옮긴이

〈이반 일리치 전집〉을 펴내며

'이반 일리치'라는 이름을 말하면 사람들은 1970~80년대를 풍미했던 이론, 또는 한물간 사상가의 기억을 떠올립니다. 어떤 이들은 학교로부터의 탈출이나 현대의료에 대한 거부를 외쳤던 반문명주의자의 초상을 떠올리기도 합니다. 이처럼 유행의 힘은 사상의 영역에도 예외가 아니어서 변할 수 없는 진리마저 낡고 빛바랜 것으로 만들곤 합니다. 그러나 어떤 진실은 시간의 변덕스런 힘에도 살아남아 뒤늦게 빛을 발합니다. 적지 않은 사람들이 꾸준히 일리치를 찾아 읽고 현실의 어둠을 헤쳐나갈 눈을 얻으려는 것은 그만큼 그의 사상이 진실의 힘을 가지고 있기 때문일 것입니다.

일리치가 한때의 유행에서 다시금 고전으로 부활하고 있는 것은 역설적으로 현대가 겪고 있는 위기가 더욱 커지고 깊어졌다는 뜻이기도 합니다. 끝없는 성장만이 인간을 행복하게 만들어줄 수 있다는 이념은 자유시장과 무한경쟁을 앞세운 신자유주의로 심화되고 있고, 그것이 오늘의 위기를 재촉하고 있다는 것은 모두가 느끼고 있는 사실입니다. 우리는 이 위기를 사회적, 생태적, 실존적 위기의 세 가지로 짚어볼 수 있습니다. 성장의 이데올로기는 능력에 따른 불평등을 정당화하고 결국 양보와 합의에 기초한 공동체의 토대마저 흔들고 있습니다. 그것은 또한 우리 모두에게 주어진 자연을 소수를 위한 착취의 대상으로 삼아버렸습니다. 이러한 사회적, 생태적 위기 속에서 우리는 물질적 욕구의 충족만을 행복으로 여기는 영혼 없는 존재로 타락해 가고 있습니다.

일리치는 이 모든 위기의 뿌리가 인간을 '호모 에코노미쿠스'로 본 근대 경제학에 있다고 합니다. 인간은 날 때부터 '필요'를 가진 존재이고 자연의 '희소성'을 두고 서로 싸워야 하는 존재라고 보는 관점 말입니다. 그러나 일리치는 우리의 필요란 조작된 것이요, 우리 삶의 조건은 희소한 것이 아니라 자급자족적 삶을 꾸려가기에 충분한 것이라고 말합니다. 우리의 가난이란 현대화된 가난으로서 상품을 소비할 수 없어서 생겨난 것이고, 그런 점에서 상품은 인간 삶의 모든 측면에 대해 근본적인 독점을 행사하고 있다는 것입니다. 따라서 상품의 끝없는 생산 및 소비에 의존하는 경제 성장은 필연적으로 역생산성에 빠질 수밖에 없다고 합니다. **가난의 현대화, 근본적 독점, 역생산성**은 이반 일리치가 우리에게 남겨 놓은 귀중한 통찰입니다.

사월의책이 다시금 〈이반 일리치 전집〉을 펴내는 까닭은 현대 사회에 대한 수많은 비판의 담론 위에 또 하나의 비판을 얹고자 함이 아닙니다. "이성으로는 비관하되 의지로 낙관하라"는 안토니오 그람시의 말대로 일리치는 현대를 비판한 만큼이나 인간 사회에 대한 낙관을 잃지 않았습니다. 그는 미래에 대한 비관적 전망이 현재에 드리워놓은 그림자로부터 그 현재를 재발견하는 것이야말로 우리가 해야 할 일이라고 보았습니다. 일리치를 읽는 것은 나 자신과 이 사회를 재발견하고 우리 자신에 대한 희망을 다시 세우는 일이 될 것입니다.

> "나는 세상에 불을 던지러 왔노니, 이미 그 불이 타올랐으면 내가 무엇을 원하리요." (루카 12:49)

사월의책 편집부